图表诗说投融资系列丛书

张玮斌 等编著

增效魔杖

——图表诗说投融资成本节省

增效魔杖，指石成金，指方成圆，指繁化简，指优增效
魔杖所指，方案比较，结果优选，成本节省，效益增加

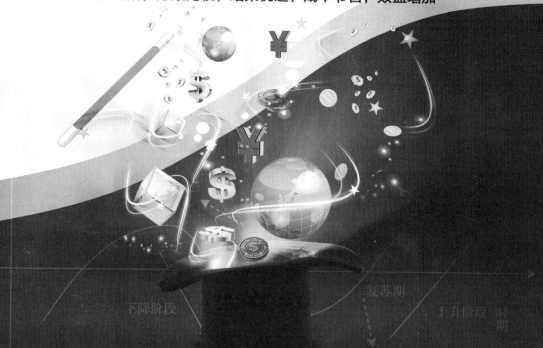

经济管理出版社
ECONOMY & MANAGEMENT PUBLISHING HOUSE

图书在版编目（CIP）数据

增效魔杖——图表诗说投融资成本节省/张玮斌等编著. —北京：经济管理出版社，2017.3
ISBN 978-7-5096-5001-1

Ⅰ.①增…　Ⅱ.①张…　Ⅲ.①企业—投资—成本—研究—中国　②企业融资—融资成本—研究—中国　Ⅳ.①F279.23

中国版本图书馆 CIP 数据核字（2017）第 043978 号

组稿编辑：杨国强
责任编辑：杨国强　张瑞军
责任印制：司东翔
责任校对：超　凡　王纪慧

出版发行：经济管理出版社
　　　　　（北京市海淀区北蜂窝 8 号中雅大厦 A 座 11 层　100038）
网　　　址：www. E-mp. com. cn
电　　　话：（010）51915602
印　　　刷：北京晨旭印刷厂
经　　　销：新华书店
开　　　本：720mm×1000mm/16
印　　　张：10.25
字　　　数：186 千字
版　　　次：2017 年 5 月第 1 版　　2017 年 5 月第 1 次印刷
书　　　号：ISBN 978-7-5096-5001-1
定　　　价：38.00 元

编写人员

张玮斌　李　恩　易坤山　吴桂峰　张琪骥

前　言

当今中国，新建企业、扩大再生产、新开项目，都离不开投融资。

投资与融资是一对孪生兄弟，不离不弃。投资不易，融资更难。

融资难、融资贵是企业迈不过的坎，特别是中小企业，对融资难、融资贵具有深切感受。

其实融资也不难，融资也不贵，如何突破难，如何化解贵，应靠方法与技巧。

张玮斌等同志编著的《图表诗说投融资系列丛书》将陆续与读者见面，系统介绍投融资过程中的融资、成本、法律等问题。

突破融资难，可读《图表诗说投融资系列丛书》第一部：《融资魔方——图表诗说金融产业链融资》，告诉你方法，指点路径，助你实现目标。

化解融资贵，可看《图表诗说投融资系列丛书》第二部：《增效魔杖——图表诗说投融资成本节省》，告知你技巧，指出路线，助你实现目的。

增效魔杖，点石成金，指方成圆，指优增效。

魔杖所指，方案比较，结果优选，成本节省，效益增加。

《图表诗说投融资系列丛书》第二部：《增效魔杖——图表诗说投融资成本节省》的推出，正和"三意"：

顺天意。2016 年 8 月 23 日，新华社公布了国务院印发的《降低实体经济企业成本工作方案》，国务院提出从八个方面降低实体经济企业成本。

传众意。按照与经济管理出版社的约定及读者的要求，《图表诗说投融资系列丛书》由多部书籍组成，第一部《融资魔方——图表诗说金融产业链融资》出版后，第二部为《增效魔杖——图表诗说投融资成本节省》。

知君意。作者们在金融行业、国有企业及税务咨询企业工作多年，知晓企业负责人、企业财务人员、金融机构的客户经理需要什么样的读本，需要务实性、系统性、简洁性的书籍，所以构想了该系列丛书。

本书传承了《图表诗说投融资系列丛书》第一部——《融资魔方——图表

诗说金融产业链融资》的特点，依旧用图表说话，依旧用案例说事，依旧用诗歌说要点。

　　本书是中国第一部撰写投融资成本节省的书籍，为中国投融资成本节省进行先行探索，为中国企业成本节省出招，为企业家提供成本节省、增加效益的思路，为企业财务人员提供成本节省的方法，为金融机构的客户经理提供帮助企业成本节省的方案，为党政机关行政人员提供帮扶企业成本节省的路径。

目　录

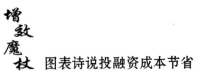

第一章　投融资的概述

★ **内容提要：**

千年历史投融资，
半月星空载史诗。
理论务实呈伟论，
更迭学派造新词。

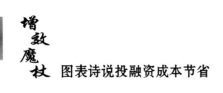

第一节　投融资的历史

农业→劳动分工→产品交易→货币产生→投融资出现

投融资是历史的产物，是人类社会发展到一定阶段才出现的经济活动，它是一个历史范畴。纵观人类社会发展的历史长河，可以窥看其历史的轨迹。在原始社会初期、中期，由于生产水平极低，人们共同劳动，获取有限的生活资料，均衡分配生产的产品，没有剩余的产品，朝不保夕，投融资活动没有产生条件。

到了新石器时代，农业出现，人们开始耕种小米、大麦、小麦，养殖马牛羊，在村庄定居。种养业开始在"富饶的半月区"（四海三河间区域，四海：黑海、里海、红海、地中海；三河：底格里斯河、幼发拉底河、尼罗河）蔓延。

之后不久，在中国的黄河流域，在墨西哥……在全世界各地，以不同的速度，传播新的种植、养殖方法。

随着种植业、养殖业的产生，劳动分工出现，类似现在大家提出的"专业人士做专业事"，其效能最大。古希腊哲学家苏格拉底的弟子色诺芬在《经济论》一书中，描述了当时的劳动分工。

劳动分工带来了大量的剩余产品，为产品贸易创造了条件。长期物与物进行交换、贸易，十分不方便，渐渐地从商品中分离出一种一切商品都能同它相交换的商品，这种商品即被称为一般等价物。不同地域，不同民族，不同程度使用过贝、玉、刀、铲、弓、箭、皮、帛、牛、马等充当一般等价物。

在距今4000年左右的"半月区"及中国的商代，一种固定的充当一般等价物的特殊商品——货币产生了。货币的出现，极大地繁荣了经济，活跃了市场，丰富了产品。与此同时，投融资诞生了。

第二节　投融资的概述

一、投融资理论溯源

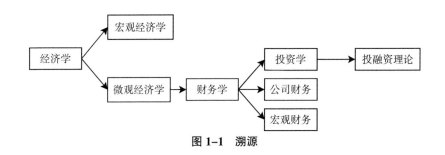

图 1-1　溯源

二、投资

(一) 投资的概念

经济学家对投资的论述，西方经济学家对投资概念的表述可以分为三类：第一类是经济意义上的投资，第二类是金融意义上的投资，第三类是上述二类的兼容。

表 1-1　概念

分类	经济学家及观点出处	对投资的论述
第一类	凯恩斯在《就业、利息和货币通论》一书中指出	投资是对现有真实资本财产的一种增加物，即建筑厂房、新的办公室、交通工具和其他财产的增加等。所以投资就是指资本设备的增加额，无论是由固定资产、营运资本还是流动资本所组成
	诺贝尔经济学奖获得者萨缪尔森在《经济学》一书中指出	对于经济学家而言，投资的意义总是实际的资本形成——增加存货的生产，或新工厂、房屋和工具的生产。通常一般人所说的投资是指用钱购买通用汽车的股票，购买街角的地皮或开立储蓄存款的户头。不要把"投资"这一词汇的两种不同用法搞混了，如果我从保险柜中拿出 1000 元，把它存入银行或者从经纪人那里购买一些普通的股票，从经济学来看，投资并未发生。只有当实物资本品通过建造房屋、生产汽车或类似的活动产生时，才有经济学家所说的投资

分类	经济学家及观点出处	对投资的论述
第二类	美国斯坦福大学教授杜格尔和圣塔克拉拉大学教授科里根在合著的《投资学》一书中指出	从投资者或资本供给者的观点看，投资是投入现在的资金以便用利息、股息、租金或退休金等形式取得将来的收入，或者使本金增值
	美国投资学家艾米林在《投资学：管理和入门分析》一书中指出	投资可以定义为个人或机构对未来时期内，能产生与风险成比例的收益的金融资产的购买
第三类	诺贝尔经济学奖获得者斯蒂格利茨在《经济学》一书中指出	投资包含了两层意思：家庭认为自己购买的股票和债券是投资，这称为金融投资；购买新机器和建筑物代表企业投资，有时我们称为实物投资。在宏观经济中，我们所说的投资是指实物投资，而不是金融投资
	美国麻省理工学院教授多恩布什和费希尔在合著的《宏观经济学》一书中指出	在日常用语中，投资常指购买金融的或物质的资产。例如，当某人购买股票、债券或住宅时，我们就说他投资于这种资产。不过，宏观经济学中的投资的用法更为严格，投资是用于增加物质资本存量的支出流量
	诺贝尔经济学奖获得者威廉·夏普在《投资学》一书中指出	投资就是为了获得可能的和不确定的未来值而做出的确定的现在值的牺牲

（二）投资的理论框架

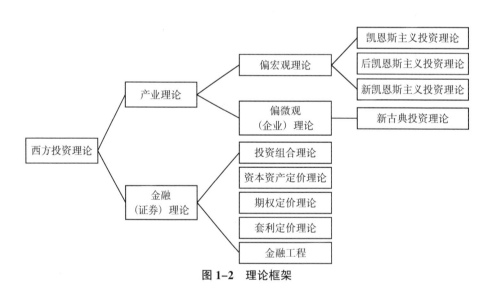

图1-2　理论框架

（三）具有代表性的投资理论

表 1-2　代表理论

理论	代表人物	主要观点
凯恩斯主义投资理论	约翰·梅纳德·凯恩斯	他在《就业、利息和货币通论》（1936）一书中，将投资理论放在理论分析的核心地位，把投资作为一个重要的自变量纳入国民收入一般均衡模型中。把"储蓄等于投资"作为整个宏观经济分析的基本框架；研究了投资的决定因素及投资不足的原因；解释了西方国家经济危机和就业不足的原因是投资不足；阐述了资源条件下投资对收入增加的信数乘数的作用；提出来资本边际效率（MEC）和投资边际效率（MEI）的概念。该理论为投资行为的研究做出了开拓性的贡献
后凯恩斯主义投资理论	加速理论的代表人物是英国经济学家 R.F.哈罗德	该理论一改"利率决定投资水平"的传统观念，主要贡献就是提出产出（或利润）才是决定投资水平的关键因素，并对投资时滞进行了比较深入的研究，得出公式化的宏观投资函数，较凯恩斯主义投资理论的 MEI 曲线是一个很大的飞跃。它包括两种理论：加速理论和利润理论
新凯恩斯主义投资理论	美国经济学家 R.艾思纳	企业在进行资本调整时，必要支付一笔费用，如重组生产线、训练工人等，这种费用叫调整成本。假设调整成本具有边际递增的特性，随着投资率增加，调整将以更快的速度进行，这导致企业不能将资本存量立刻调整到最优。如果调整过快，企业边际调整成本就会大于因调整而获得的边际收入，使企业蒙受损失。根据利润最大化原则，理性企业应选择一个最优调整速度，在该速度下，企业的边际调整收入正好等于企业的边际调整成本。由于引入调整成本概念和边际分析方法，根据企业边际调整成本和边际调整收入的交点，确定各期投资水平，从而为宏观投资函数的导出提供了必要的微观基础
新古典投资理论	美国经济学家 D.W.乔根森	克服以往投资理论单纯从宏观上分析的缺陷，认为投资行为研究应从微观经济主体——企业出发，通过生产函数的现值最大化来确定投资水平。运用了许多新古典的方法：边际分析方法、市场完全竞争、生产要素相互替代可能等
投资组合理论	美国经济学家哈里·马柯维茨 1990 年获得诺贝尔经济学奖	马柯维茨 1952 年发表论文《投资组合选择》，标志着现代投资组合理论诞生。首次用数学化的语言，对"不要把所有鸡蛋放在一个篮子里"的投资箴言进行了阐述：通过投资分散化，可以在不改变投资组合预期收益的情况下，降低投资风险。投资者应当在使投资组合收益最大化的同时，保证投资组合收益的方差（即投资组合风险）最小化 通过分散化投资，我们可以尽可能地降低投资组合的非系统化风险
资本资产定价理论（CAPM）	美国学者威廉·夏普，约翰·林特纳，简·莫辛	该理论是在马柯维茨的投资组合理论上发展起来的。主要是研究证券市场中资产的预期收益率与风险之间的关系，以及在均衡状态下资本资产市场均衡价格的形成机制，它是现代金融市场价格理论的支柱，被广泛用于投资决策领域 它针对资产风险与收益率之间的关系给出了精确的预测，解决资本资产是如何定价的问题；阐述了市场均衡状态下的形成，把资产的预期收益和预期风险之间的理论关系，用一个简单的线性方程表达出来
期权定价理论	美国芝加哥大学学者 F.布莱克，M.肖莱斯，奇拉斯	该理论是在期货的基础上产生的一种衍生性金融工具的理论，又称选择权理论，是根据某项资产在未来某一时间段的价格，确定期权交易中买家的权利和卖家的义务

续表

理论	代表人物	主要观点
套利定价理论（APT）	斯蒂芬·罗斯	斯蒂芬·罗斯于1976年在《经济理论杂志》上发表了《资本资产定价的套利原理》，提出了一种新的资产定价模型。他利用套利原理推导出市场均衡状态下的资本资产定价关系，即APT理论。APT以收益率形成过程的多因子模型为基础，认为证券收益率与一组因子线性相关，这组因子是代表证券收益率的一些基本因素。事实上，当收益率通过单一因子（市场组合）形成时，将会发现套利定价理论形成一种与资本资产定价模型相同的关系，以致APT被认为是一种广义的资本资产定价模型，为投资者提供了一种替代性的方法，来理解市场中的风险与收益率之间的均衡关系
金融工程	达莱尔·达菲，约翰·芬尼迪，约翰·马歇尔	是指通过一切可以利用的工程化手段，来解决金融事项的技术开发问题，它包含金融产品的设计，金融产品定价，交易策略谋划，风险管控等各个方面，能够成为科学的学科，从科学史的研究发展来看，要经历三个阶段：描述性阶段、分析性阶段和工程化阶段。而金融工程正处在第三个阶段

（四）西方投资理论的轨迹年表

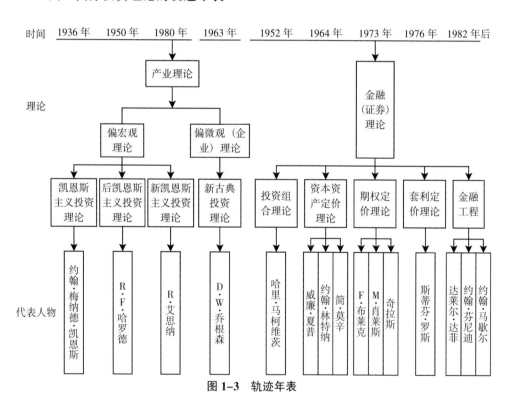

图 1-3　轨迹年表

（五）投资分类

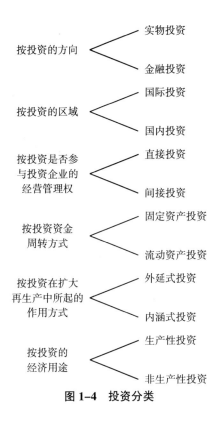

图 1-4　投资分类

（六）投资分类概念

表 1-3　分类概念

概念名称	概念内容	说明
实物投资	在经济活动中，为了体现一定的经济目的，而对有形资产、无形资产等进行的投资	实物对象可以是设备、材料等有形资产，也可以是土地、商标、专利等无形资产
金融投资	投资者为了实现资金增值、保值或者分散风险或其他目的，对存款、基金、股票等金融资产的投资	金融投资可为实物投资提供资金来源，实物投资可成为金融投资的归宿地
国际投资	投资者为实现政治、经济目的，对境外进行的投资。这种投资包含实物投资与金融投资	
国内投资	投资者遵从自己的战略，对国内进行的投资	
直接投资	投资者利用货币资金或实物对所看好的企业或项目进行投资，多对所投企业具有一定的经营权（管理权）	
间接投资	投资者采用资金（资本）购买债券、股票、基金等有价证券，获得有价证券的一定收益，除了股票以外，不参与企业（项目）的经营	

概念名称	概念内容	说明
固定资产投资	投资者按照投资战略,将资金投入到使用年限在一年以上,价值达到一定标准的非货币性资产	这种非货币性资产包括房屋、建筑物、机器设备、运输工具等
流动资产投资	投资者按照生产经营的需要,将资金投放到一年或者超过一年的一个营业周期内变现或运用的资产	包括:原材料、辅助材料、在产品、产成品、货币资金、应收账款等
外延式投资	投资者通过加大投资,进而增加要素数量,实现扩大再生产的目的	购买厂房、设备
内涵式投资	投资者为实现扩大再生产的目的,不是通过加大投资来实现,而是在既定的投资额中,通过调整结构、优化产能的方式来实现投资	技术创新、调整结构
生产性投资	投资者将资金、实物投入到生产经营过程中,形成了生产中的固定资产和流动资产	
非生产性投资	投资者为了满足企业员工物质文化生活的需要,而对非生产领域的投资	包含:健身房、健身娱乐器材等

(七) 投资的构成

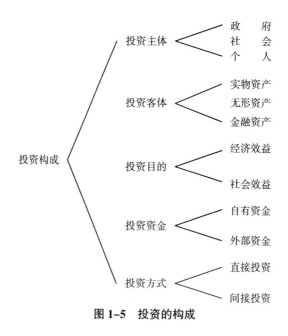

图 1-5　投资的构成

8

1. 投资主体

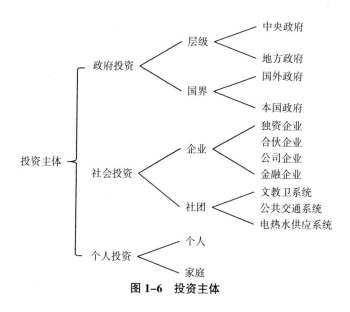

图 1-6　投资主体

2. 投资客体

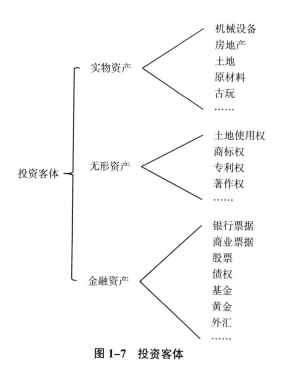

图 1-7　投资客体

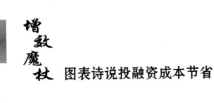

3. 投资资金

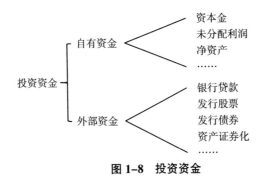

图 1-8　投资资金

4. 投资方式

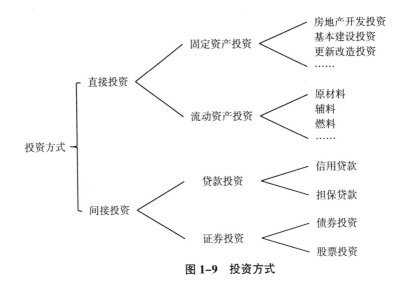

图 1-9　投资方式

三、融资

融资：指为支付超过现金的购货款而采取的货币交易手段，或为取得资产而集资所采取的货币手段。（《新帕尔格雷夫经济学大辞典》）

表 1-4 概念

类别	概念
狭义	融资即一个企业的资金筹集的行为与过程，也就是说公司根据自身的生产经营状况、资金拥有的状况，以及公司未来经营发展的需要，通过科学的预测和决策，采用一定的方式，从一定的渠道向公司的投资者和债权人去筹集资金，组织资金的供应，以保证公司正常生产需要、经营管理活动需要的理财行为
广义	融资也叫金融，就是货币资金的融通，当事人通过各种方式到金融市场上筹措或贷放资金的行为

（一）西方融资理论（资本结构理论）

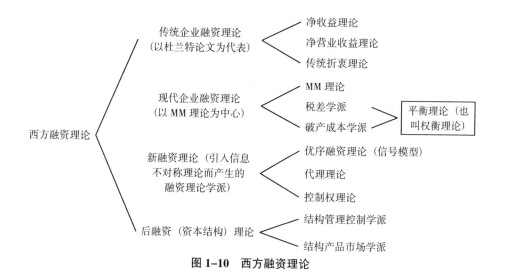

图 1-10 西方融资理论

（二）具有代表性的融资理论

表 1-5 代表性的融资理论

理论	代表人物	主要观点
净收益理论	美国经济学家大卫·杜兰特	净收益法是 1952 年大卫·杜兰特在《企业债务和股东权益成本、趋势和计算问题》一文中提出的。该理论认为，由于债务资金成本低于权益资金成本，运用债务筹资可以降低企业资金的综合资金成本，且负债程度越高，综合成本越低，企业价值就越大
净营业收益理论	美国经济学家大卫·杜兰特	在公司的资本结构中，债权资本的多寡，比例的高低，与公司的价值没有关系。按照这种观点，公司债权资本成本率是固定的，但股权资本的成本率是变动的，公司的债权资本越多，公司财务风险越大。决定公司价值的真正因素应该是公司的净营业收入收益
传统折衷理论	美国经济学家大卫·杜兰特	这是一种介于上述两种极端观点之间的折中思想。按照这种观点，增加债权资本对提高公司的价值是有利的，但债权资本规模必须适度

理论	代表人物	主要观点
MM 理论	莫迪格利安尼与米勒	1958 年，他们在《美国经济评论》上发表《资本成本、公司财务以及投资理论》。该文讨论了在完美市场上，没有税收等情况下，资本结构对公司价值的影响。首次通过严格的经济学分析得出了资本结构与公司价值之间的内在关系，其开创性成果标志着现代资本结构理论的诞生。随着时间的推移，MM 本人对初始的 MM 理论进行了修正，将税收等因素加入对资本结构的讨论中，从而使 MM 理论更符合现实状况 理论界一般认为，完整的 MM 理论除了包括 1958 年《资本成本、公司财务以及投资理论》中提出的"定理 1（也称公司价值模型）"、"定理 2（股本成本模型）"、"定理 3（分离定理）"外，还应包括他所在 1961 年《股利政策、增长与股票估值》、1963 年《公司所得税与资本成本：一项修正》、米勒在 1966 年《电力公用事业行业资本成本的某些估计：1954~1957》上发表的论文
税差学派	法拉和塞尔文	该理论认为资本利得所得税与现金所得税之间是存在差异的，理性的投资者更倾向于通过推迟获得资本收益而延迟缴纳所得税。该理论要求，股票的价格与股利支付比例成反比，权益资本费用与股利支付比例成正比。企业支付较低的股利，对实现企业价值最大化是有利的
破产成本学派	巴克特，斯蒂格利茨，阿特曼和华纳	主要从利用财务杠杆所导致的破产成本出发，研究资本结构问题
权衡理论	罗比切克，梅耶斯，鲁宾斯坦	综合了税差学派和破产成本学派的观点，认为企业最优资本结构就是在债务的纳税优势和破产成本现值之间的权衡
优序融资理论	罗斯，利兰派尔，梅耶斯，马吉劳夫	是放宽 MM 理论完全信息的假定，以不对称信息理论为基础，并考虑交易成本的存在，认为权益融资会传递企业经营的负面信息，而且外部融资要支付各种成本，因而企业融资一般会遵循内源融资、债务融资、权益融资这样的先后顺序
代理理论	詹森，梅克林，霍肯，西贝特，阿洪，博尔顿	在完全信息条件下，委托人实施代理是无成本的，即他得到的效用水平就等同于他亲自执行这项任务。不对称信息是代理成本存在的主要原因。公司股东、债权人、经理人之间存在着利益冲突。为解决这些冲突和冲突本身引起的公司价值的损失称为代理成本

（三）融资分类

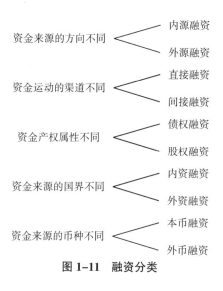

图1-11 融资分类

（四）融资分类的概念

表1-6 融资分类的概念

概念名称	概念内容	说明
内源融资	企业正常经营活动过程中，产生大于原始投入和负债部分的资金（即留存盈利、折旧等），主动性地用这部分资金进行再生产，即为内源融资	内源融资数量有限
外源融资	企业依托自身现状和未来发展战略，采取一定的形式，向企业之外的经济主体筹措资金	当内源融资无法满足企业发展需要时，需启动外源融资
直接融资	资金需要者与资金提供者通过一定的金融工具，不是通过金融中介者而直接发生债（股）权关系的金融活动	金融工具：股票、债券、商业票据等
间接融资	资金需要者与资金提供者通过金融中介者间接实现资金的借贷活动	金融中介者：银行、信托、保险等
债权融资	企业通过对外借债的方式进行融资	债权融资获得的是资金使用权，不是所有权。占用使用权需支付利息，到期偿还本金
股权融资	企业通过出让股权的方式进行融资	股权融资融得资金，让渡了企业部分所有权。企业无须还本付息，股东享有企业分红权
内资融资	企业在本国境内通过直接或间接方式进行的资金融通	
外资融资	企业在本国境外通过直接或间接方式进行的资金融通	涉及汇率风险的防范、外汇管制等
本币融资	企业向资金提供者筹借本国货币	
外币融资	企业向资金提供者筹借外国货币	一般发生在国际贸易活动中

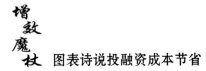
（五）西方融资理论（资本结构理论）的轨迹年表

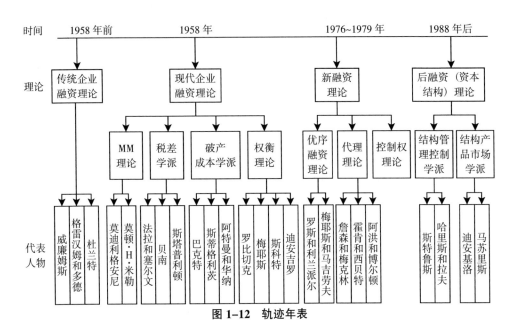

图 1-12　轨迹年表

四、投资与融资的关系

投资是把筹集的资金（包含自有资金、融资的资金）运用到哪里的问题，是使用资金的过程，从资产负债表看，是资金运用端，是资产端。

融资是筹集资金，是资金来源，是找钱的过程；从资产负债表看，是资金来源端。

投资与融资是两种不同的工作，具有不同的形态，重点不同，但目标一致。

投资是目的，融资是实现投资的手段。没有投资，也无所谓融资；没有融资，难以实现投资的目的。

投资决定融资的方向、规模、期限、价格等。融资影响着投资的成败或成效。融资成本的高低关切到投资收益的大小或亏损的多少。

从范围上讲，投资大于融资，融资小于投资。融资是投资的基础，在自有资金不足的情况下，融资决定投资。

读书笔记

第二章　投融资成本节省简述

★ **内容提要：**

企业税息朝上趋，

国家出策降浮虚。

本钱节省空间大，

做法研究解已需。

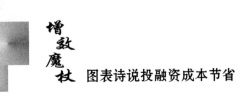

第一节　投融资成本节省的概念

要知晓投融资成本节省，必须先明晓成本的概念，成本的构成，成本的分类。

一、成本的概念

成本是指经济活动过程中，为实现某一经济目的所消耗的资源。

二、成本的构成

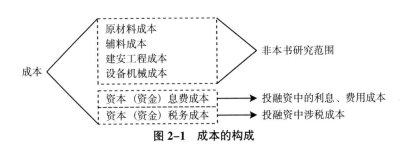

图 2-1　成本的构成

三、成本的分类

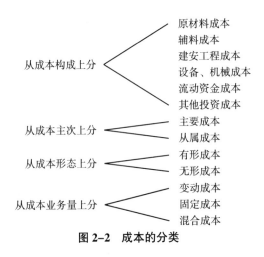

图 2-2　成本的分类

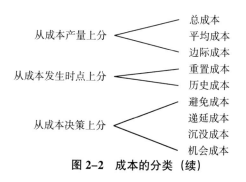

图 2-2 成本的分类（续）

四、成本分类的概念

表 2-1 成本分类的概念

名称	内容	说明
建安工程成本	建筑安装工程中发生的各项费用。包括房屋、建筑物的建造工程等成本	
设备、机械成本	机械设备构造过程中发生的各项费用。包含原材料、运输费、保管费、人工费等成本	
原材料成本	原材料采购过程中发生的各项费用。包含采购价、仓储费、运输费等成本	
辅料成本	辅助材料采购过程中发生的各项费用	
主要成本	在进行项目投资时，必须进行的主要的基础性的货币支付。是投资效益实现的前提	新项目的厂房、设备等支出
从属成本	在进行项目投资时，不可缺少的配套的成本支出。是投资效益得以实现的必要条件	宝武钢铁为了矿石和焦煤等原材料进出兴建的码头
有形成本	能够用市场价值、一定的货币来表现的成本	厂房、设备等
无形成本	很难定量，难以用市场价格体现的成本	企业声誉、品牌、商标的负面影响
变动成本	是随着业务量变动而变动与业务量呈正相关的成本	材料费用、绩效工资
固定成本	是指不受业务量增减变化影响的成本	设备折旧费
混合成本	是指虽然受到业务量变化的影响，但是期限变动幅度并不与业务量变动保持严格的线性比例的成本	管理费
总成本	是指在一定时期生产一定产品、产量和采购一定资产付出的全部成本之和	
平均成本	是指在一定时期生产每一单位产品和购买每一单位资产付出的成本	
边际成本	是指每增加一个单位产量的生产或资产的购买而增加的成本	
重置成本	是指当前从市场上按照公允价格购买某项资产而实际支付的成本	十年前购买的房屋，按现行价格计量

续表

名称		内容	说明
历史成本		是指企业历史上某个时点从市场上购买某项资产而发生的成本	1998年4月2日购进的办公楼
避免成本	可避免成本	是指通过决策者的决策行为可改变其数值的成本	广告费、教育费
	不可避免成本	是指不能通过决策者的决策行为而改变其数值的成本	折旧费
递延成本	可递延成本	是指企业在财务能力有限的情况下，对某项投资推后实施，不会影响企业正常经营，而预先预计的成本	
	不可递延成本	是指企业对那些事关全局、事牵大局、事联总局的不可推迟进行的投资项目将会发生的成本	
沉没成本		是指由于过去的决策已经发生，而不能由现在或将来的任何决策改变的成本。也就是已经付出且不可收回的成本	两年前购买的设备，因新技术产生，原设备已不能使用。购买设备的成本就是沉没成本
机会成本		是指企业投资A项目而放弃B项目而遭受的损失。决策时往往以机会成本最小为最佳选择	

五、投融资成本的概念

投融资成本是指经济实体为了实现其战略目标，开展投融资活动中所消耗的资源。

六、投融资成本的构成

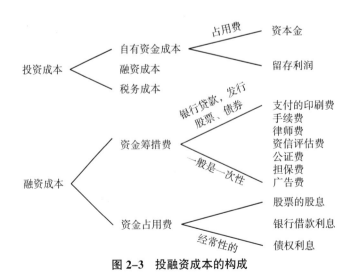

图2-3　投融资成本的构成

七、投融资成本的概念

表 2-2　投融资成本的概念

名称		内容	说明
自有资金成本		是指企业在分析经济增加值（EVA）时，一般要计算运用自有资金时模拟的成本	这种模拟成本，不同企业、不同时期有不同参照物。国有企业、国资委规定的成本为6%。民营企业可以按企业投资回报率计算，或依据同期贷款利率计算
税务成本		是指企业在进行投资与融资过程中发生的向税务机关支付的税金与费用	国内投融资一般会涉及以下主要的税务成本：所得税、房产税、契税、营业税、增值税、资源税，以及部分附加税
融资成本	资金占用费	资金拥有方让渡资金使用权而获得的收益，资金使用方获得资金使用权而支付的费用	向股东支付的股息、向银行支付的贷款利息、向债券所有者支付的债券利息
	资金筹措费	资金使用者为了获得资金使用权而支付的一次性的费用	为股票发行支付的印刷费、财务顾问费、辅导费、承销费、保荐费、审计业务费、法律顾问费。银行贷款的资产评估费、担保费等

八、资金成本对企业投融资决策的作用

资金成本的高低、节省的多少会对企业投融资决策产生重要的影响，有五个方面的原因。

表 2-3　原因

原因	详细内容
资金成本是评价投融资项目是否可行的主要衡量标杆	资金成本率高于资金利润率时，决定了投融资项目不具有经济可行性。在市场竞争环境下，只有资金利润率高于资金成本率时，投资项目才有盈利的机会。反之，则是亏损，不具有经济性
资金成本是选择资金来源、融资方式的重要依据	投融资时，资金来源渠道不同、资金融资方式不一，其融资的资金成本也会不一样。资金成本的高低、节省的多少，将作为各种投融资方案进行优比的重要依据
资金成本是限制投融资总规模的重要因素	随着企业投融资规模的扩大，资金成本也在不断变化。当边际成本超过投融资主体的成本承受范围时，便不能扩大投融资规模
资金成本是投资者进行最优资本结构决策的根本依据	不同的资本结构，决定了企业投融资的综合资金成本。而资本结构一般是由权益融资和债务融资组合而成，选择有利的融资方式，寻找两者的最佳组合，力求通过最低的综合资金成本，达到最佳资本结构的目的
资金成本是选择追加投融资方案的主要依据	企业在原有的规模上，要扩大再生产，增加规模，就必须增加资金。在进行追加资金、进行多方案比较时，边际资金成本将成为追加投融资方案决定的主要依据

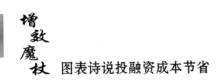

图表诗说投融资成本节省

九、投融资成本节省的概念

投融资成本节省是指企业在进行投融资活动过程中，以利益最大化为目标，对多种投融资方案进行比较，按照风险最小、资源投入最低的原则，进行的投融资决策活动。

第二节　投融资成本节省的原则

一、企业创造投融资成本节省的环境

投融资成本节省需要集团军作战，而非单兵作战，企业要创造"五优"的投融资环境，为成本节省创造条件。

表 2-4　"五优"

名称	内容
行业优	符合国家产业、行业政策，属于国家鼓励发展行业。不属于国家鼓励发展行业，是传统行业，争取是老行业的创新企业或优等企业
企业优	企业公司治理符合规定，经营正常，管理规范，内控制度健全，有风险防范预案
产品优	产品质量好，价格优，市场竞争力较强
高管人品优	经营管理理念先进，品行好，融资还款意愿强
资本结构优	合理搭配资本结构，做到权益融资与债务融资比例合理，债务融资比例过高，容易导致资产负债率过高，债务融资能力过低，这时要扩大权益融资比例，通过权益融资，可降低资产负债率

二、投融资成本节省遵循的原则

表 2-5　原则

名称	内容
经济型原则	投融资是为实现战略目标而进行的一项经济活动。投融资成本节省是经济活动中的有机成分。成本节省必须遵循经济型原则，讲究成本最优，价格最低，回报最高，结果最好
便捷性原则	读到投融资感到复杂难懂，进而对投融资进行成本节省，像是难上加难。要研究简单、明了、直观的成本节省方法
协同性原则	成本节省是服从投融资方向的，不能为成本节省而节省，影响投融资的效率与目的，要达到成本节省与企业战略、投融资目的协同一致

名称	内容
前瞻性原则	投融资项目短则几年，长则几十年，成本节省必须考虑经济周期转动、市场波动、政策联动、汇率变动，放眼长远，预计未来，合理谋划
风险性原则	成本节省中涉及对不同本外币资金、不同资金结构、不同价格体系、不同税务品种进行组合搭配、优化设计，而达到成本节省的目的。但是运作不当、使用不妥、决策不对，将会适得其反，必须把风险意识贯穿成本节省的全过程，控制风险、锁定风险、降低风险、化解风险

三、投融资成本节省的一般技巧

表 2-6　技巧

名称	内容	说明
直线法	投融资过程中可能为规避政策障碍，增加了中间环节；可能为实现目标，增设了过渡节点；可能为体现其技术复杂，增添了搭桥机构。有意无意地增加环节、拉长链条，必定增加投融资成本，使之与成本节省背道而驰。要认真分析细节，剖析环节，减少不必要的节点，拉直距离	用企业间直接借款替代委托贷款，省略中间环节
转换法	就是把高成本转换成低成本。充分运用投资方式不同、融资产品不同、税收品种不同，研究其差异、明确其优劣、规划其左右，将高成本转换为低成本	用债务工具融资去归还信托民间借贷等
比较法	投融资过程中，一般有多种节省成本方案，在已知条件成本相同的情况下，对不同方案的优劣进行比较，淘汰成本较高者，优选符合战略目的的方案	
条件法	成本节省比较中，有几个变量，通过变动因素进行逐项分析，创造条件，选择最优方案	
组合法	通过多层次、多品种的组合方式，形成最优成本结构，来拉低融资成本	因为融资用途、财务报表等原因，需要借入较高融资成本，通过加大低成本资金比例，拉低成本
政策法	政府为了鼓励、支持地方企业，经常会对一些扶持企业（项目）进行贷款贴息政策	
外资内用法	充分利用国际市场融资利率低于国内利率的优势，采取一些方法，将外资引入国内	用好内保外贷、国外人民币债等
期限法	长期利率较高，短期利率较低。尽可能选择短期融资，这样成本较低。但要注意不要顾此失彼，确保长期短期结构合理，防止流动性风险	
还款顺序法	当有充沛资金时，先还高付息成本的融资，再还低付息成本的融资。当有汇率风险时，先偿还在国际金融市场上汇价疲软，不能自由兑换、信用程度低的软货币，再偿还在国际金融市场上汇价坚挺，能够自由兑换、币值稳定的硬货币	
利率选择法	在进行固定利率与浮动利率选择时，当利率下行时，尽可能选择浮动利率；当利率上行时，尽可能选择固定利率	

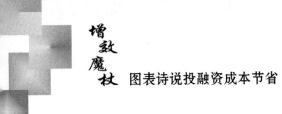

图表诗说投融资成本节省

读书笔记

第三章　融资息费成本节省的技巧

★ **内容提要**：

成本费息需剪裁，

一一枚举账清白。

策划大小明章法，

企业列支次序排。

第一节　融资息费成本节省概述

一、融资息费成本节省中应注意的问题

对于企业而言，根据资金来源的不同，融资方式可分为四类：间接融资、直接融资、商业融资和内部融资。

表 3-1　分类

类别	概念和范围
间接融资	主要包括银行贷款、信托贷款、委托贷款等
直接融资	主要包括债券融资及在资本市场的融资等
商业融资	主要是基于商业信用而来的资金来源，主要包括商业承兑票据、应付款项等
内部融资	指企业通过自身经营产生的未分配利润、资本公积的资金投入生产

各类融资方式在获得条件、使用范围、成本构成及期限等方面存在差异，形成了各自的特点，且融资成本与融资方式的特性紧密相关。一般而言，商业融资成本最低，直接融资、间接融资和内部融资成本依次升高。

在考虑融资成本节省的时候，除了融资本身的直接成本（相关利息、费用等）外，还必须考虑间接成本和机会成本，因此融资成本的节省不能只考虑直接成本的最小化，必须结合企业的经营需要一并考虑。

表 3-2　特点

应注意的问题	特点
安全性的问题	是融资成本节省最核心的问题，因为融资的目的是获得资金用于生产经营或投资，节省成本只是融资时采取的技巧，不能单纯为了节省成本而承受过高的风险。为了节省成本而采取期限错配、币种错配、信用错配等策略时，必须留足安全边际、采用措施锁定风险。例如：为了节省利息支出，利用人民币利率大于美元利率的价差，采取内保外贷方式，以币种错配方式来节省成本时，可以通过远期交易等方式，将汇率的风险予以锁定
适时性的问题	融资行为从决定之日起到实际资金到账需要一定的时间，而不同的融资方式、不同的成本节省策略会影响获得融资资金的时效，要节省融资成本需要在资金的到账和成本间达成平衡，不论是资金提前到位的闲置还是不能及时到位用于使用，都会带来机会成本。例如：在债券发行中，私募方式一般比公募方式价格更高，但公募方式审批的流程会更长、条件会更高，采取哪一种募集方式就需要根据资金需求的效率要求来判断

应注意的问题	特点
便利性的问题	企业寻求获得融资以及融资多少是根据投资、经营的需求决定的，而融资本身会对企业经营管理行为产生影响，在节省融资成本的过程中，要平衡这种影响，将融资对经营管理的影响限定在可控范围内，如果为了节省融资的直接成本而打乱了正常经营秩序和资金安排，就得不偿失了。例如：短期的贷款利率一般低于长期贷款，但为了节省成本采取期限错配方式，以短贷支撑长期投资项目，一方面需要预留资金保证支付，需要付出成本，另一方面如果过于频繁地还贷续贷也会打乱经营资金的安排
可操作性的问题	节省融资成本的方式多种多样，但是对不同的企业而言，并不是穷尽一切办法最为合算，许多节省的方法需要足够的专业能力和交易资质，超越条件去采取节省措施，甚至可能会让企业暴露在不可预测的风险之中。例如：通过选择利率调整周期的方式来节省融资成本时，对利率趋势的专业判断就会成为必要条件，如果判断失误，在降息周期选择了固定利率，反而会加重成本负担

二、融资息费成本节省的方法

（一）利息节省的技巧

利息支出往往是企业最主要的财务成本，付息频率、利率变动趋势、利率浮动方式及调整方式、利率互换机制等都会影响企业的利息支出。

表 3–3　利息节省技巧

类别	特点
付息频率	对于银行借款的利息，往往有按年付息、按季付息和按月付息的区别。对于企业而言，按年付息对于现金流的占用最小，故成本最低；相反，按月付息成本最高
利率变动趋势	一般而言长期利率会高于短期利率，但在不同宏观货币政策环境下，长短期利率受不同期限资金的供求影响可能出现相反的变动趋势，甚至会出现长短期利率的倒挂，因此在短期资金宽松趋势明显时，办理短期贷款或者发行短期债券可约财务成本；反之，当长期资金宽松时，企业办理中长期贷款或发行中长期债券可以较低成本锁定未来几年的融资，反而能有效降低再定价的风险
利率调整方式	在银行借款时，企业可与银行协商约定贷款利率为浮动或是固定形式。对企业而言，在利率处于上升通道时，选择固定利率成本更低；而当利率下行时，选择浮动利率则更合理。如企业选择浮动利率，则企业面临按年或者按季调整利率的选择，一般而言，如果利率下行趋势为连续按季下行，则按季调整可更大程度上节约财务成本
利率互换	利率互换指两笔币种相同、本金相同的资金，交易双方分别以固定利率和浮动利率借款，为降低资金成本和利率风险，双方做固定利率与浮动利率的调换。因不同借款主体在不同金融市场资信等级不同，故融资利率存在差异，某些企业在固定利率上可能有优势，而另一些企业在浮动利率上可能有比较优势，两类企业可利用相对比较优势互换套利以降低融资成本

（二）费用节省的技巧

除了尽可能选择费用低的方式融资外，费用的节省技巧主要有两个。

表 3-4　费用节省技巧

类别	特点
提高交易能力	对市场越理解、对信息掌握越全面，就越能在谈判中取得优势地位，有时仅仅是简单的货比多家就能够降低融资的费用
分担费用	许多不同的融资方式都会用到中介的服务，在融资策划的初期，选择能同时满足多种融资方式的中介服务，也可以降低融资费用

第二节　单个融资产品成本节省

本章结合企业财务报表的主要科目，具体探讨各类融资的特点、成本构成，进而总结企业融资成本节省的技巧和方法。

一、流动负债

（一）短期借款

1. 银行贷款

（1）短期流动资金贷款。

表3-5　短期流动资金贷款

概念	条件	成本构成和节省技巧
短期流动资金贷款是指贷款期限不超过1年(含1年)的流动资金贷款	①依法设立并持有效的营业执照或事业单位登记证、组织机构代码证;特殊行业应取得环保许可的,还应持有有权部门的相应批准文件 ②生产经营合法合规,符合营业执照范围,符合国家产业、环保等相关政策和商业银行的信贷政策 ③在商业银行开立基本账户或一般账户,信用风险业务品种可只要求开立临时账户;实行公司制的客户,合资合作客户或资承包经营行公司章程或合资合作公司章程或合作公司合规须符合各方的协议约定 ④信用等级评定达到一定水平以上,有特别规定的除外 ⑤管理、财务制度健全,生产经营情况正常、财务状况良好,具有持续经营能力,有合法的还款来源,具备到期还本付息的能力 ⑥借款人及控股股东、主要股东无不良信用记录,或虽然有过不良信用记录,但不良信用记录的产生并非由于主观恶意,用信前已全部偿还了本息且信用认可的还款计划	①利率成本。利率是短期流动资金贷款的主要成本。随着利率市场化的进程加快,利率一般表示为贷款基准利率上浮(或下浮)一定的百分比,越来越多的商业银行采用贷款基础利率(LPR)上浮(或下浮)一定的百分比来定价,也有千见的情况以Shibor加点方式定价的。理论上由于LPR每个交易日会报价,波动性更高,在一次审批分次提款时企业承受的利率风险更大,但实践中以LPR和贷款基准利率几乎同向同向运动,选哪一个为定价中枢对成本的影响可以忽略不计。商业银行在符合有关规定的情况下,会综合考虑贷款风险、综合收益、市场竞争等因素予以确定,一般而言客户信用等级越高,可以从提高评级水平、提高担保的保障程度、短期销售等等提升信用水平上节省。对于集团经营的客户,跨区经营的客户,还可以利用不同地区金融机构的宽松程度的不同,来选取有利的地区去贷款。此外,配合银行在中间业务、存款、产品销售等方面做得合理都可以,或一次还本、分期付息,或以综合考虑资金的时间价值,一般未还现金流出越晚,获得更优惠的利率,在还款方式的选择上采用一次性还本付息,企业的还本付息方式成本越低的还款方式成本越低 ②评估费用。评估作为短期流动资金贷款的办理时并不一定必然发生。一般在资产产重估时产生,多根据所评估产产价值的一定比例予以确定。尽可能减少资产重估而产生的利率成本,可以减少此外,部分金融机构对资产重估而产生的利率降低的可能性。 ③审计费用。审计费用是在实收资本计一定比例或工作量收取。企业财务报表银行评级、一般按资产(实收资本)的一定比例在短期流动资金贷款的办理时计——些关键性点的审计需要预先沟通,因此需要注意前点的成本计时发生,因此审计以行准入管理,对在多个金融机构做业务的企业而言,在考虑费率的同时,选择同 ④评级费用。评级费用一般根据审计机构出具的审计工作量收取。短期流动资金贷款一般只需要银行内部评级,因此该项费用发生的可能性不大 ⑤顾问咨询费用。顾问咨询费用是银行提供顾问咨询类服务而收取的费用,包括财务顾问、投融资顾问、信息咨询顾问、理财顾问、债务融资工具顾问、并购重组顾问,资产证券化顾问,保险咨询顾问、外汇咨询顾问等。监管部门严禁收入与贷款挂钩,直接与贷款挂钩的顾问咨询费已不再是贷款的成本了。但由于同类收入对银行的考核贡献大于利息收入,因此,企业可以主动使用银行相应的顾问咨询服务,一方面获得相应的服务,另一方面也可以在利率谈判中获得该利率和顾问咨询费用后的综合成本会更低

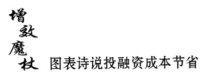

续表

概念	条件	成本构成和节省技巧
短期流动资金贷款是指贷款期限不超过1年（含1年）的流动资金贷款	⑦贷款用途明确，符合国家法律、法规及有关政策规定 ⑧不符合信用贷款条件的，需要提供合法、足值、有效的担保 ⑨申请外汇流动资金贷款，须符合有关外汇管理政策 ⑩流动资金贷款额度根据借款人生产经营的情况和预期变化，在合理估算营运资金总量和缺口基础上，结合经营规模、业务特征、营运效率、自有及自筹资金、偿债能力等因素合理确定商业银行要求的其他条件	⑥担保费用。担保费用在办理保证或者需要担保时发生，信用贷款不需要担保费用。保证担保的费用主要是企业的费用，专业担保公司的担保费，以及为获得担保而提供反担保之间互保的风险和费用，主要包括抵押物、质押的评估的相关费用、办证费用、保管费用、监管费用等，抵、质押是第三方的抵、质押，还存在反担保的前提下，尽可能办理反担保等手续发生的相关费用。要想节省担保费用，企业应该在满足资金需求的额度、期限等要求的前提下，选择入围办理最高额抵押，降低抵押，办理反担保等方法也可以适当降低面广的评估机构等方法也可以适当降低担保费用 ⑦保留最低还款的费用。实践中，为控制风险，银行对贷款客户会有保留最低使用的贷款部分要求，而这一部分的资金企业无法使用，其支付的利息等成本要分摊到可使用的贷款部分上。由于企业本身会有一定的备付资金安排，在不同金融机构间合理摆布资金，也可以提高效资金活性，降低无效资金占用的总需求额度和时间，尽可能不把还款资金占用的现金等源来和企业不一致时，就要承担贷款到期时准确地判断贷款到期时以获额度和时间，从而控制贷款成本 ⑧结售汇费用。短期流动资金贷款的币种和企业的币种不一定意味着外币，可能发生结售汇费用。短期流动资金贷款的币种和如果发生结售汇费用，承担汇率风险并不一定意味着外币的汇兑损益也可能获得表结收益，一般来说在人民币升值期间可以获得超额收益，在判断不准汇率趋势的情况下，通过远期、期权、掉期等手段锁期保值手段可以锁定结售汇费用，从而控制贷款成本

1）流程。

短期流动资金贷款流程如图 3-1 所示：

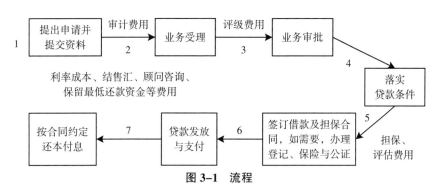

图 3-1　流程

2）流程图的列示。

表 3-6　列示

序号	详细过程
1	借款人向银行申请流动资金贷款并提供相关基础资料。此过程涉及的费用包括财务报表审计费用
2	银行受理借款人贷款申请，并开展调查。短期流动资金贷款一般只需要银行内部评级，评级费用发生的可能性不大
3	银行进行贷款的审查审批
4	根据审批要求，落实贷款条件
5	签订《借款合同》及相应的担保合同，需要办理登记及保险的，应依法办理登记、保险及公证。担保费用在办理保证或者需要办理抵、质押时发生，信用贷款不需要担保费用。企业在满足要求的情况下，多办理信用贷款，可节省担保费用
6	银行向借款人发放贷款，借款人按合同及审批条件支用授信额度
7	贷款到期，借款人按时归还银行借款。利率是主要成本

（2）短期固定资产贷款。

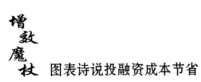

表3-7　短期固定资产贷款

概念	条件	成本构成和节省技巧
固定资产贷款系指商业银行向企（事）业法人或国家规定可以作为借款人的其他组织发放的，用于借款人固定资产项目的建设、购置、改造及其相应配套设施建设的本外币融资。固定资产贷款按用途分为基本建设贷款、更新改造贷款、房地产开发贷款、其他固定资产贷款等。短期固定资产贷款指贷款期限在1年以内（含1年）的固定资产贷款	①符合国家的产业、土地、环保等相关政策和银行信贷政策，并按规定履行了固定资产投资项目的合法管理程序 ②符合国家对项目投资主体资格和经营资质要求 ③符合银行关于营业执照、贷款卡、账户管理等要求 ④借款人信用等级在一定级别以上 ⑤借款人及控股股东、主要股东无重大不良信用记录（虽然有过不良信用记录，但不良信用记录的产生并非由于主观恶意且申请本次用信前已全部偿还了不良信用） ⑥项目资金来源明确并有保证，项目资本金比例及来源符合规定 ⑦能够提供合法、有效、足值的担保，有特别规定的除外 ⑧申请外汇固定资产贷款，须符合有关外汇管理政策 ⑨商业银行信贷管理基本制度规定的其他条件	短期固定资产贷款的成本构成和节省技巧与短期流动资金贷款基本相同

2. 信托贷款

表3-8　信托贷款

概念	条件	成本构成和节省技巧
信托贷款是指信托机构在国家规定的范围内，制定信托发行计划，募集资金，对自行审定的单位和项目发放的贷款。短期信托贷款指1年以内的流动资金信托贷款和临时周转信托贷款	①融资主体原则上为国企、国企控股企业、上市公司或具备较强实力的民营企业，民营企业原则上要求净资产达到1亿元以上 ②资金使用主体所在行业发展前景良好，抗风险能力较强；资金使用主体经营稳定，财务状况良好，且在行业中处于领先地位，法定代表人及主要负责人信誉良好 ③资金使用主体资信状况良好，当年银行信用评级达到一定级别，且无不良信用记录和其他非法融资记录 ④融资企业具有按期还本付息的能力，有可靠的还款来源和其他合法融资渠道 对信托贷款投向项目一般要求： ①项目需符合国家产业政策，市场前景良好，且批文齐全，自有资金比例符合相关规定 ②原则上优先选择经济较发达或项目发展环境良好的区域 信托贷款对抵押物要求一般较高，要求贷款金额两倍以上的抵押物。在利率方面，信托贷款一般较银行贷款高。然而，信托贷款适用的行业和企业范围较银行贷款更广，成为企业获得融资相对便捷的途径	①利息成本:利息成本是信托贷款最主要的成本构成部分，信托公司会依据企业资质、项目风险对信托贷款定价，通常在10%~20%/年。一般而言，信托公司募资的利息成本是决定客户融资成本的关键，因此单一信托在多数情况下比集合信托的成本要低 ②融资顾问费:信托公司为企业提供融资方案设计等服务，一般会收取2%/年的融资顾问费。与信托公司在商定成本时，应综合考虑顾问费等相关收费，通过总费用控制来降低成本 ③资产评估费:信贷公司一般要求企业提供融资金额两倍以上的资产为抵押，于是企业需在贷款前对资产进行评估，形成评估费。信托贷款在此项目上的成本节省与流动资金贷款类似

信托贷款。

（1）流程。

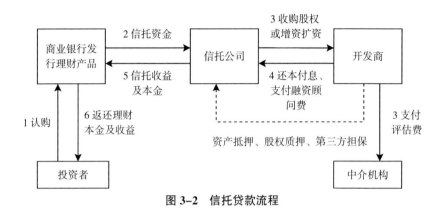

图 3-2　信托贷款流程

（2）流程图的列示。

表 3-9　列示

序号	详细过程
1	商业银行发行理财产品，投资者进行投资
2	商业银行委托信托公司设立单一资金信托
3	开发商对资产进行评估，并支付评估费用。信托公司向开发商发放信托贷款，用于房地产项目开发建设，开发商提供资产抵押、股权质押、第三方担保
4	开发商支付融资顾问费。当贷款到期时，开发商向信托公司还本付息
5	信托公司向商业银行返还信托收益及本金
6	商业银行向投资者返还理财收益及本金

信托集合理财融资模式由银行发行理财产品募集资金，采取单一资金信托方式发行，单笔认购金额较低，不仅可以突破信托计划投资人购买份数限制，提高融资规模，还可提高投资人对房地产企业的认可度。

3. 券商融资

表 3-10　券商融资

概念	条件	成本构成和节省技巧
目前，股票质押式回购业务是企业从证券公司融资的主要途径。股票质押式回购指符合条件的资金融入方以所持有的股票或其他证券质押，向符合条件的资金融出方融入资金，并约定在未来返还资金、解除质押的交易。具有如下特点： ①融资效率高：通过场内交易形式实现质押融资，T日交易，T+1日可获得资金 ②交易资金灵活：交易要素（质押率、期限、利率）一事一议，所融得的资金使用自由	①有合法登记且年审正常，不存在法律、法规、行政规章和交易所规定禁止或限制其投资证券市场情形的法人 ②客户在公司开立的普通账户和信用账户自有资产价值合计达到一定规模 ③客户信誉良好且无不良记录和重大违约记录 ④客户未被列入交易所、公司限制交易客户名单 ⑤不存在其他严重影响客户偿债能力的情形 股票质押融资规模与股票价值及客户资信相关，计算公式为： 客户实际交易规模=这笔交易标的的证券价值×质押率。质押率一般不超过60%	①利息成本。股票质押的融资利率与资金来源相关，如融出资金为券商自营资金，则目前一般要求8%以上；如融出资金来源于银行资金，则利率等于银行报价与风险溢价之和 ②交易成本。股票质押融资涉及企业股票的交割和转让登记，中国证券登记结算有限公司会收取手续费，收费金额依据股票质押数量而定，为固定一次性收取

股票质押式回购。

（1）流程。

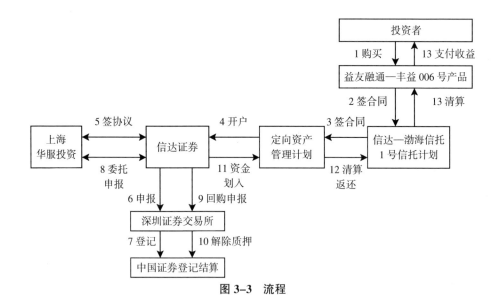

图 3-3　流程

（2）流程图的列示。

表 3-11　列示

序号	详细过程
1	投资者购买河北银行"2013 年益友融通—丰益 006 号"理财产品，该理财资金用于投资于"信达—渤海信托 1 号信托计划"
2	河北银行与渤海信托签订《资金信托合同》，将理财资金信托给渤海信托，并指定信托资金用于信达证券定向资产管理业务
3	渤海信托与信达证券公司签订《定向资产管理计划资产管理合同》，双方约定投资范围，其中投资范围包括股票质押式回购交易
4	渤海信托作为定向资产管理计划投资者在信达证券公司开股东户和资金户
5	资金融入方华服投资与信达证券签署《股票质押回购交易业务协议》，约定华服投资以所持有的美邦服饰有限售条件流通股股票质押，向信达证券融入资金，委托证券公司办理初始交易申报，质权人为信达证券，并约定在未来返还资金、解除质押
6	信达证券公司向交易所提交交易申报，由交易所交易系统即时确认成交
7	中国证券登记结算有限公司根据交易所确认的质押回购交易数据组织逐笔结算并办理标的证券的质押登记
8	华服投资将资金放入专用资金账户并向信达证券发出委托购回交易申报指令，委托证券公司办理购回交易申报
9	信达证券公司向交易所提交回购交易申报，由交易所交易系统即时确认成交，并发送成交回报
10	中国证券登记结算有限公司根据交易所确认的质押回购交易数据结算，并办理标的证券的解除质押登记
11	信达证券公司将相应的资金划入定向资产管理计划专用资金账户
12	信达证券将定向资产管理计划委托资产清算后剩余现金资产返还给渤海信托
13	渤海信托对信托计划信托财产资金进行清算，向投资者支付信托利益

（二）应付债券

1. 短期融资券

表 3-12　短期融资券

概念	条件	成本构成和节省技巧
短期融资券指具有法人资格的非金融企业在银行间债券市场发行的，约定在 1 年内还本付息的债务融资工具	短期融资券一般要求企业外部评级达到 AA 以上，或者在有外部信用增进措施（如母公司或担保公司提供担保）前提下可适当	①利率成本 利率成本是短期融资券最主要的成本。短期融资券的发行利率一般以银行间市场交易商协会的估值为基准，与企业资质、所处行业、盈利能力等因素相关。一般而言，对于 AA 级及以上企业，短期融资券的利率较银行一年期贷款更低，可为企业显著降低财务成本 评级高低是决定发行利率最主要的因素，企业可多选择几家评级公司预评级，可选择评级相对高的评级公司，以降低发行利率。提供增信措施可以降低发行利率，但有的增信措施本身会产生费用，需要综合比较来确定是否能降低融资成本。主承销商的资金实力决定其自营和理财资金对债券的投资力度，也会影响发行利率，故企业选择资金实力较强的银行可有效降低发行利率。 此外，银行间市场的资金面也会影响发行利率，故企业在发行债券时应避开月末、季末等资金相对紧张的时点，应与主承销商做好沟通，选择合适的发行窗口，有效降低发行利率

概念	条件	成本构成和节省技巧
短期融资券可用于补充流动资金、偿还银行贷款等，用途广泛。一般情况下，短期融资券从项目启动到成功发行的周期为三个月，相对便捷	放宽评级要求。短期融资券的发行额度不能超过企业净资产的40%	②承销手续费 券商和银行会依据发行金额收取一定比例的承销手续费，按照惯例，短融的承销费率一般为0.40%。当前主承销商间的竞争较为激烈，故一般会给予企业承销费率上的折扣。企业在确定发债融资意向后，可组织各金融机构招标，选择报价相对合适的主承销商。在债券注册和发行过程中还可与主承销商进一步谈判，尽量降低承销费率。企业可选择承销手续费的支付方式，可在募集资金到账时第一时间扣除，也可与主承销商签署补充协议，约定在某一时点付款。对于企业而言，在承销费一定的情况下，争取晚付承销费更有利于节约财务成本 ③律师服务费 短融注册需律师事务所出具法律意见书，以证明债券注册的合法性。各律师事务所的收费一般在5万~15万元，企业可选择合作较为密切、收费合理的律师事务所 ④会计服务费 短融注册需提供近三年及近一期经审计的财务报表，故需相关会计师事务所提供会计服务。企业可选择长期提供会计审计服务的会计师事务所，在短融财务报告上就不需额外支付费用 ⑤评级费用 注册发行短期融资券需专业评级公司提供主体评级报告和债项评级报告，一般首期评级费用为25万元，其中主体评级费用10万元，债项评级费用15万元。企业可与主承销商沟通，推荐收费相对低的评级公司以降低评级费用 ⑥登记、托管及兑付费用 根据人民银行要求，企业发行短期融资券，需向银行间市场清算所股份有限公司缴纳发行登记托管费以及兑付费，费用与发行金额相关。企业可借助主承销商的力量与清算所沟通，争取最低协商收费

表3-13　2016年2月17日非金融企业债务融资工具定价估值

	1年	3年	5年	7年	10年	15年	20年	30年
重点AAA	3.12	3.66	3.89	4.19	4.42	5.01	5.18	5.45
AAA	3.32	3.81	4.07	4.5	4.73	5.34	5.61	5.9
AA+	3.54	4.16	4.56	4.98	5.38	5.96	6.33	6.63
AA	4.04	4.68	5.12	5.62	5.95	6.65	7	7.46
AA-	5.42	5.99	6.48	7.36	7.83	8.33	8.71	8.99

　　例： A公司因业务发展需要融资2亿元。

　　方案一： 银行贷款。办理一年期流动资金贷款，贷款年利率6%，会计师事务所费用率0.03%。

　　方案二： 发行短期融资券。根据对银行间市场利率和资金供求形势判断，结合企业的资信情况，并参照近期类似企业短期融资券的发行情况，预计公司可以按照5%的利率发行融资券。银行对承销手续费率一般按0.4%~0.6%收取，取中间值，按照0.5%测算。中介机构包括资信评估机构、律师事务所、会计师事务所，预计每家中介的费用率在 0.01%~0.1%，取 0.1%测算。登记托管和兑付费用向登记托管机构缴纳，按登记托管费率为 0.007%、兑付费率为 0.005%测算。

表 3-14　方案

单位：万元

成本类别	方案一	方案二
利息支出	20000×6%=1200	20000×5%=1000
承销手续费	—	20000×0.5%=100
中介费	20000×0.03%=6	20000×0.1%×3=60
登记托管费和兑付费用	—	20000×(0.007%+0.005%)=2.4
合计	1206	1162.4

短期融资券与短期银行贷款相比，具有一定的成本优势。使用短期融资券有利于企业，特别是信用等级较好、资质优良的企业降低融资成本。

2. 超短期融资券

表 3-15　超短期融资券

概念	条件	成本构成和节省技巧
超短期融资券是指具有法人资格、信用评级较高的非金融企业在银行间债券市场发行的，期限在270天（9个月）以内的短期融资券。募集资金可用于补充流动资金、企业资金周转、偿还银行贷款等 超短期融资券具有如下特点： ①期限灵活，7天、14天、21天、28天、90天、180天、270天均可 ②流程便捷，发行只需一天，发行后两个工作日内备案即可 ③规模不受净资产40%限制，企业可根据实际资金计划按需发行	超短期融资券一般要求企业外部评级达到AA-以上，或者在有外部信用增进措施（如母公司或担保公司提供担保）前提下可适当放宽评级要求	超短期融资券的成本构成和节省技巧与短期融资券基本一样，但由于期限较短期融资券更短，故发行利率较短期融资券更低，具体发行利率与企业资质、所处行业、盈利能力等因素相关。对于资质优良、资金运营实力较强的企业而言，发行超短期融资券几乎成为价格最低的一种融资方式

3. 定向工具（短期）

表 3-16　定向工具

概念	条件	成本构成和节省技巧
定向工具是由商业银行或证券公司作为主承销商在银行间市场以私募方式发行的非金融企业债务融资工具。短期限的定向工具一般期限为6个月或者1年。定向工具只能在特定机构投资人范围内流通转让。	定向工具一般要求企业外部评级达到AA以上，或者在有外部信用增进措施（如母公司或担保公司提供担保）前提下可适当放	短期限定向工具的成本构成和节省技巧也与短期融资券基本一样，但因流通范围有限，故发行价格较同期限的超短期融资券或短期融资券为高。2016年，交易商协

概念	条件	成本构成和节省技巧
定向工具有以下特点: ①规模不受净资产40%限制,企业可根据实际资金计划按需发行 ②注册发行材料简单,仅在定向投资人之间进行信息披露 ③注册简便,一般仅需2~3周	宽评级要求。定向工具特别适用于不宜公开披露信息的企业(如军工、涉密企业)及公募债券已无发行空间但确有融资需求的企业	会对定向工具引入专项投资人制度,首批列入专项投资人名单的机构约120家。专项投资人制度引入后,将极大地增强定向工具的流动性,有效缩减定向工具的流动性溢价,降低发行成本

(三) 应付票据

1. 银行承兑汇票

表 3-17 银行承兑汇票

概念	条件	成本构成和节省技巧
银行承兑汇票是由承兑银行开立存款账户的存款人出票,向开户银行申请并经银行审查同意承兑的,保证在指定日期无条件支付确定的金额给收款人或持票人的票据。对出票人签发的商业汇票进行承兑是银行基于对出票人资信的认可而给予的信用支持。纸质承兑期限最长不超过 6 个月(电子汇票的最长期限可达 1 年)。承兑申请人在银行承兑汇票到期未付款的,按规定计收逾期罚息。 银行承兑汇票的特点: ①信用好,承兑性强。银行承兑汇票经银行承兑到期无条件付款,将企业间的商业信用转化为银行信用。对企业来说,收到银行承兑汇票,就如同收到了现金 ②流通性强,灵活性高。银行承兑汇票可以背书转让,也可以申请贴现,不会占压企业的资金 ③节约资金成本。对于实力较强,银行较信任的企业,只需交纳规定的保证金,就能申请开立银行承兑汇票,用以进行正常的购销业务,待付款日期临近时再将资金交付给银行	①符合信贷管理基本制度规定的基本条件 ②有合法、真实的商品或服务交易背景 ③信用等级满足一定条件 ④能够提供符合银行规定要求的保证金及担保	①交纳保证金形成的成本。商业银行对企业开具承兑汇票,一般要求企业交纳承兑金额30%的保证金。保证金在银行账户一般为定期或活期存款,对于企业而言,现金流被占用,形成机会成本 ②担保费用。银行承兑汇票业务通常还需企业寻找担保公司以增进信用,承兑金额与企业缴纳保证金间的差额由担保公司做担保。于是造成三方面的成本:一是担保费用,担保公司一般按每笔承兑金额的3‰收取担保费;二是担保公司通常会要求企业按承兑金额的15%交纳保证金,于是形成企业的机会成本;三是在某些情况下担保公司还需企业提供资产抵押、追加法人连带责任等反担保手续,会牵涉到资产评估等费用 ③承兑手续费。商业银行在承兑票据时,一般按票面金额向承兑申请人收取万分之五的手续费,不足 10 元的按 10 元计 ④承诺费。因承兑金额和企业缴纳保证金间存在差额,对银行而言会形成风险敞口,故银行一般将风险敞口纳入授信范围,并要求企业缴纳一定比例的承诺费 ⑤低风险承兑汇票的费用。低风险承兑汇票指企业交纳100%保证金的汇票业务,企业通常以存单质押或定期存款形式交纳保证金。这种情况下,银行仅在开票时收取万分之五的手续费。但对企业而言,很大程度上占用了自身的现金流,会形成较大机会成本。但在采购价格不发生变化的情况下,用银行承兑汇票代替现金结算,相当于推后了资金支付,保证金存款形成的收益可用来降低企业的资金成本

例：A公司通过银行承兑汇票节省成本。A公司是一家以服装经营为主的有限责任公司，公司拥有自有土地一块，价值2000万元。

（1）流程。

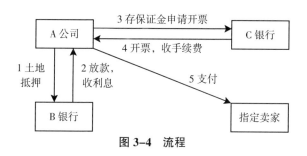

图3-4　流程

（2）流程图的列示。

表3-18　列示

序号	详细过程
1	A公司以自有土地抵押，向B银行申请1000万元流动资金贷款
2	B银行向A公司发放贷款，期限6个月，贷款年利率6%。6个月贷款利息30万元
3	A公司用1000万元存6个月定期作为保证金，向C银行申请开立银行承兑汇票。半年期定存利率为2%。1000万元存6个月定期，A公司能够获得利息10万元
4	C银行给A公司开立银行承兑汇票，开票手续费为万分之五，手续费0.5万元
5	A公司通过银行承兑汇票付款给指定卖家。公司最终贷款成本为20.5万元，比只办理流动资金贷款成本少9.5万元

2. 商业承兑汇票

表3-19　商业承兑汇票

概念	条件	成本构成和节省技巧
商业承兑汇票是票据的一种，是由出票人签发的，委托付款人在指定日期无条件支付确定的金额给收款人或者持票人的票据。商业承兑汇票按交易双方约定，由销货企业或购货企业签发，但由购货企业付款，并且由银行以外的人负责承兑 商业承兑汇票具有如下特点： ①商业承兑汇票的付款期限，最长不超过6个月	①商业承兑汇票贴现申请人须是经国家工商行政管理机关或主管部门核准登记的企事业法人或其他经济组织 ②贴现申请人与出票人或直接前手之间有真实、合法的商品、劳务交易关系，能够提供相应的商品交易合同、增值税发票 ③要求贴现的商业承兑汇票的交易合同必须合法且要素齐全，即贴现的商业承兑汇票必须符合《票据法》，符合制度规定的商业承兑汇票的出票、背	商业承兑汇票依赖企业自身的信用，故对企业的资质要求较高。企业需在当地人民银行备案、取得批准后才可办理商业承兑汇票。具体办理过程中，商业银行仅对企业收取承兑金额万分之五左右的承兑手续费。商业承兑汇票不需企业向银行交纳保证金，也不需寻求外部担保机构增进信用，手续较银

概念	条件	成本构成和节省技巧
②商业承兑汇票的提示付款期限，自汇票到期日起10天 ③商业承兑汇票可以背书转让 ④商业承兑汇票的持票人需要资金时，可持未到期的商业承兑汇票向银行申请贴现 ⑤适用于同城或异地结算	书、承兑的条款要求，汇票上没有"不得转让"和"质押"等字样 ④在贴现行开立存款账户 ⑤贴现申请人经济效益及资信情况良好 ⑥银行要求满足的其他条件	行承兑汇票更为便利，且费用更低。商业承兑汇票几乎不需要额外的成本，但由于商业承兑汇票是商业信用，汇票的流通性较差，仅适用于资质较好的企业

（四）应付账款

对于买方而言，应付账款几乎不需要成本，而卖方可以通过办理保理业务来融通资金。

表3-20　应付账款

概念	条件	成本构成和节省技巧
针对产品贸易所形成的应收/应付账款，可从商业银行申请保理业务实现融资。保理业务是指卖方将其向买方销售货物或提供服务所产生的应收账款转让给银行，由银行为卖方提供应收账款管理、保理融资以及为买方提供信用风险担保的综合性金融业务。其中，银行为卖方提供的应收账款管理和保理融资服务为卖方保理，为买方提供的信用风险担保服务为买方保理	在银行申请办理保理业务，除买卖双方资质应具备信贷业务基本条件外，应收账款一般须符合以下条件： ①应收账款基于正常、真实、合法的基础交易产生 ②应收账款权属清楚，没有瑕疵，卖方未将其转让给任何第三人，也未在其上为任何第三人设定任何质权和其他优先受偿权 ③卖方与买方在合同中未约定应收账款不得转让的条款 以下应收账款一般不能办理保理业务： ①账龄超过1年的应收账款 ②应收账款受让日到应收账款到期日不超过15天（含）的应收账款；应收账款受让日指经卖方保理行审查批准同意，受让卖方应收账款的正式日期 ③具有保证金性质的应收账款 ④双方存有经济纠纷或债权债务关系涉及第三方的应收账款 ⑤因个人或家庭消费而产生的应收账款 ⑥涉及特许经营、专利、商标、知识产权等市场不易定价的产权交易而形成的应收账款 ⑦其他不宜办理保理业务的应收账款	①利息成本。银行收取的利息因客户资质存在差异，对于优质客户，利率在基准以下；而对一般客户，则可能高于基准 ②手续费。银行一般每年按保理金额的4‰收取手续费 对于优质客户，保理的综合成本一般不高于基准利率

保理融资。

（1）流程。

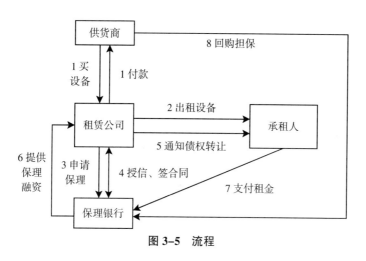

图 3-5　流程

（2）流程图的列示。

表 3-21　列示

序号	详细过程
1	租赁公司与供货商签署设备买卖合同，租赁公司购买设备并支付货款
2	租赁公司与承租人签署融资租赁合同，租赁公司将该设备出租给承租人
3	租赁公司向银行申请保理业务
4	银行给租赁公司授信，双方签署保理合同
5	租赁公司和银行通知承租人应收租金债权转让给银行
6	银行受让租金收取权益，给租赁公司提供保理融资。租赁公司向银行交纳的费用涉及融资费、手续费、逾期支付违约金等。不同笔保理业务存在不同收费项目和标准。有的按人民银行贷款利率或上下浮动收取一笔或多笔融资费，有的加收逾期支付违约金、保理手续费等
7	承租人每年支付租金给银行
8	当租金逾期或不能支付时，如果银行和租赁公司约定有追索权，租赁公司须按约定回购银行未收回的融资款，如果供货商提供租金余额回购保证或物权担保，由供货商回购银行未收回的融资款。如果是无追索保理，则保理银行向承租人追偿。银行一般要求租赁公司承担追索租赁债权的诉讼费仲裁等有关费用，应避免办理保理业务过程中一切费用一揽子兜底条款

（五）预收账款

对于企业收到的预付账款，银行可以通过向买方提供预付款保函的方式帮助卖方预收账款融通资金。

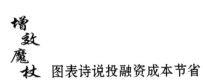

表 3-22 预收账款

概念	条件	成本构成和节省技巧
预付款保函指银行根据申请人（卖方）的申请，向受益人（买方）做出的书面保证，如申请人未能按合同约定使用预付款，银行将根据受益人的退款要求，按照保函约定承担担保责任。保函金额不高于预付款金额加预计利息，预计利息由申请人与受益人协商确定	办理预付款保函业务银行对客户要求如下： ①在银行开立基本存款账户或一般存款账户（仅办理低信用风险业务可只要求开立临时账户） ②按银行信用等级评定标准，信用等级在一定级别以上 ③无不良信用记录，或虽然有过不良信用记录，但不良信用记录的产生并非由于主观恶意且申请本次用信前已全部偿还了不良信用或落实了银行认可的还款计划 ④具备履约能力，经营情况、财务状况良好 ⑤能够提供符合银行规定要求的保证金及反担保	预付款保函业务的成本构成如下： ①手续费。银行一般每年按保函金额的2‰向企业收取手续费，也可按季收取。对于企业而言，按年收取较按季收取更能节省财务成本 ②保证金。银行有可能要求企业提供保函金额的20%~30%作为保证金，会对企业形成资金占用成本 ③对于优质客户，可申请手续费优惠，商业银行对于不同企业设有收费区间或最低手续费 ④通过专业的工程担保公司去办理银行的保函，可不需要保证金，需要支付担保公司服务费用。费率一般为担保金额的1%~3%，具体视情况而定

保函。

（1）流程。

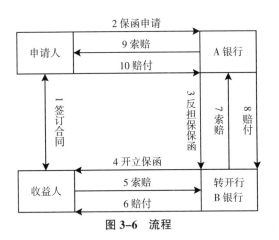

图 3-6 流程

（2）流程图的列示。

表 3-23 列示

序号	详细过程
1	工程承包人（申请人）和业主（收益人）签订商务或者融资合同
2	工程承包人在所在 A 银行存入保证金，申请保函
3	银行向业主所在 B 银行开立反担保保函

续表

序号	详细过程
4	B 银行根据收到的反担保保函开立保函。企业交纳手续费，可按年交，也可按季交
5、6	若承包商依约履行偿还义务，则出具保函的银行不承担担保责任。若承包商违约，则由转开行进行赔付
7、8	A 银行根据 B 银行索赔追索进行赔付
9、10	A 银行向工程承包人进行索赔追索，工程承包人进行赔付

（六）应交税费

应交税费对企业而言是无成本的资金来源，在合法的前提下肯定是越多越好。与税金相关的融资，主要有出口退税托管账户质押融资。

表 3-24　应交税费

概念	条件	成本构成和节省技巧
出口退税托管账户质押融资，是指银行针对出口企业出口退税款未能及时到账而出现短期资金困难，在对其出口退税账户进行托管的前提下，向出口企业提供的以出口退税应收款作为还款保证，用来满足其流动性需求的短期信贷业务	办理出口退税托管账户质押融资，银行对客户要求如下： ①生产型/贸易型企业信用等级在一定等级以上 ②有两年以上退税记录，且融资申请日前 12 个月获得当地税务部门实际退税金额，向税务部门申报退税金额比例在 90%以上 ③融资申请日前 12 个月累计退税金额在人民币一定金额以上，且退税时间均在 6 个月以内，最长不得超过一年 对退税应收款一般会要求如下： ①退税应收款所对应的贸易背景真实 ②退税申报内容与交易合同、发票票面要素内容一致 ③退税应收款对应商品在税务部门公布的退税商品名录内 ④退税应收款权属清晰、无瑕疵，借款人未将其转让给任何其他人，也未在其上为任何其他人设定任何质权和其他优先受偿权	出口退税托管账户质押融资的成本，银行会在识别、计量融资风险的基础上，根据客户资信、融资特征、回报要求、市场竞争等，在人民银行同期同档次融资利率基础上，视具体情况确定融资利率。可见由于出口退税托管账户质押融资风险较低，成本构成简单，优选合作银行是节省成本的主要方式

出口退税账户质押贷款。

（1）流程。

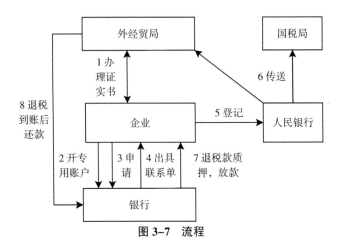

图 3-7　流程

（2）流程图的列示。

表 3-25　列示

序号	详细过程
1	企业到外经贸局办理应退未退税额申报证实书
2	企业到银行开立出口退税专用账户，并承诺以账户中的退税款作为质押担保
3	企业向银行申请办理出口退税托管账户质押融资
4	银行对企业的贷款申请进行审核，审批同意后为企业出具出口退税账户质押贷款工作联系单
5	企业凭银行出具的出口退税账户质押贷款工作联系单及相关资料到人民银行办理信息登记
6	人民银行出具审核意见并传送至国税部门和外经贸局
7	企业以退税款质押，银行给企业发放贷款
8	企业出口退税到账后归还银行贷款

（七）其他应付款

表 3-26　其他应付款

概念	条件	成本构成和节省技巧
其他应付款一般是企业之间的往来款项，其成本主要是机会成本。对于民间借贷形成的应付款项，也可能会有较高的利息支出	其他应付款如果是关联企业之间的往来款项，其条件一般由双方共同的实际控制人来确定。对非关联企业之间形成的其他应付款，则可能因资金提供方的不同而有千差万别的条件，虽然这些条件不一定会像贷款一样规范，但在出现违约事件时的处理上一般会比较苛刻	其他应付款的来源不同，成本千差万别，但从风险角度考虑，应该尽量减少关联企业以外的借款，特别是要避免涉足条件苛刻、价格畸高的民间借贷

二、非流动负债

（一）长期借款

1. 银行贷款

（1）中期流动资金贷款。

表 3-27　中期流动资金贷款

概念	条件	成本构成和节省技巧
中期流动资金贷款是指贷款期限在1年以上（不含1年）3年以下（含3年）的流动资金贷款	中期流动资金贷款的申请条件比短期流动资金贷款更严格，除满足短期流动资金贷款基本要求外，商业银行还要求： ①信用评级在一定级别级以上 ②居行业排名前列，财务结构合理，现金流量充足（经营未满两年的申请人或虽经营已满两年但根据经营计划尚未达产的，预计现金流量充足），发展前景良好，具备到期还本付息能力 ③合作关系良好，无不良信用记录 ④若不符合信用贷款条件，申请人能够提供合法、足值、有效的抵（质）押担保，或由符合条件的保证人或信用担保机构提供保证担保	中期流动资金贷款的成本构成和短期流动资金贷款基本相同，其节省技巧也基本一致，但由于中期流动资金贷款一般要求分期还款，因此在还款频次和额度的选择上可以采取措施降低成本 对于融资能力强的企业，在不影响资金流需求的情况下，企业可逐步将中期流动资金贷款化为短期流动资金贷款，降低成本

例：甲企业计划融资 2000 万元，使用时间三年。已知一年期贷款利率为 6%，三年期贷款利率为 6.6%，利息按季支付。

表 3-28　方案

方案	内容
方案一	一年期流动资金贷款，到期续贷
方案二	三年期中期流动资金贷款

表 3-29　费用计算

单位：万元

成本	方案一	方案二
季利息费用	$2000 \times 6\% / 4 = 30$	$2000 \times 6.6\% / 4 = 33$
年利息费用	$30 \times 4 = 120$	$33 \times 4 = 132$
三年利息费用	$120 \times 3 = 360$	$132 \times 3 = 396$

通过比较，方案二比方案一多支付利息 36 万元。如果企业同时具备长、短期借款的条件，且贷款时间能够有效衔接，选择方案一比较节省成本。

（2）中长期固定资产贷款。

表 3-30　中长期固定资产贷款

概念	条件	成本构成和节省技巧
中期固定资产贷款指贷款期限在 1 年以上（不含 1 年）5 年以下（含 5 年）的固定资产贷款；长期固定资产贷款指贷款期限在 5 年以上（不含 5 年）的固定资产贷款	中长期固定资产贷款对客户的基本要求与短期固定资产贷款一致。银行会根据国家有关固定资产投资项目资本金制度及项目风险大小确定相应的资本金比例。固定资产贷款多数需要落实合法有效担保；中长期固定资产贷款一般需要采用抵押或质押方式；符合信用贷款条件的，也可申请采取信用方式对中长期固定资产贷款，银行一般会要求根据项目竣工投产后产生的现金流或借款人其他还款来源合理确定还款计划，分次还款，且每年至少还款两次	中期固定资产贷款的成本构成基本和短期固定资产贷款相同，其节省技巧也基本一致，和中期流动资金贷款一样，也可以在还款频次和额度的选择上采取措施降低成本

例：甲公司向银行贷款 1000 万元，5 年之内还本付息，假设同期银行 5 年期基准贷款利率为 6%，企业所得税率为 15%，用于折现的投资收益率为 6%。

表 3-31　方案

方案	主要内容
方案一	复利计息，到期一次还本付息
方案二	复利年金法，每年等额偿还本金和利息
方案三	每年等额偿还本金 200 万元及当期剩余借款利息
方案四	每年支付等额利息 60 万元，并在第五年末一次性还本

表 3-32　计算方法

时间	方案一当年应付利息	方案二当年应付利息	方案三当年应付利息	方案四当年应付利息
第一年	60	60	60	60
第二年	63.6	49.36	48	60
第三年	67.42	38.07	36	60
第四年	71.46	26.12	24	60
第五年	75.75	13.44	12	60
合计	338.23	186.99	180	300

不同还款方式，每年偿还的本金和利息各不相同。四个方案中，方案三每年等额偿还本金 200 万元及当期剩余借款利息所付的利息总和最低。

2. 信托贷款

信托贷款和短期产品类似。

3. 券商融资（资管计划、股票质押融资等）

券商融资和短期产品类似。

（二）应付债券

1. 中期票据

表 3-33　中期票据

概念	条件	成本构成和节省技巧
中期票据是具有法人资格的非金融企业在银行间债券市场按照计划分期发行的，约定在一定期限还本付息的债务融资工具	①期限较长，为 1~30 年不等 ②准入标准较低，外部评级 AA-以上企业即可申请注册 ③可满足企业长期资金需求，募集资金用途广泛，包括项目融资、偿还贷款、并购、中期流动资金周转等，适合同时有几个项目建设、有长期融资需求的企业 ④可注册额度：最近一期净资产×40%-应付债券余额	中期票据的优势如下： ①锁定融资成本。由于中期票据一般采用固定利率，故在市场利率上行通道发行，可提前锁定融资成本，降低融资费用 ②获得融资主导权。企业注册中期票据后，两年内可根据自身情况灵活选择时机发行，轻松获得融资，流程短、效率高，从而掌握融资主导权 中期票据的成本节省技巧和短期融资券类似，主要在于提级、增信、选择合适发行窗口等方面。此外，由于中期票据一般采用固定利率，在利率下行期可以考虑通过利率互换等方式将固定利率互换为浮动利率来降低成本

2. 定向工具

表 3-34　定向工具

概念	条件	成本构成和节省技巧
定向工具是由商业银行或证券公司作为主承销商在银行间市场以私募方式发行的非金融企业债务融资工具。中长期的定向工具指 1 年期以上的定向工具，因流动性受限，一般期限在 10 年以内	中长期定向工具的功能及对发行企业的要求与短期定向工具较为接近，两者最显著的不同点在于因发行期限不同，募集资金的使用方式存在差异，中长期定向工具募集资金可用于偿还长期银行贷款及项目建设等	因期限更长，中长期定向工具的发行价格较短期定向工具更高，同时因流通范围有限，价格一般也高于同期中期票据。但随着协会专项投资者制度的建立，中长期定向工具发行价格有望大幅降低 中长期定向工具的成本节省方法与短期定向工具基本一致，与中期票据一样，定向工具也可以采用利率互换来降低成本

3. 长期含权债券

表3-35　长期含权债券

概念	条件	成本构成和节省技巧
长期含权债券又称永续债，在注册流程上与普通中期票据相同，但期限不固定，并可以通过条款设置，将债券计入发行人所有者权益。永续债具有如下特点： ①期限：通常为3+N或5+N，可满足企业长期资金需求 ②注册额度：可按发行人净资产的40%独立核算可发额度 ③计入权益：可有效降低企业的资产负债率 ④资金用途：除项目建设、置换贷款等用途外，可用于项目资本金	目前，多数商业银行要求永续债发行企业外部评级达到AA+以上，发行主体主要是央企、大型国企等，优质的大型民营企业也有不少成功发行的例子	商业银行一般要求自营资金不准投资永续债，而只允许成本更高的理财资金投资，故永续债的发行价格相对较高。在永续债推出之初，发行价格一般比同期限中期票据高80BP~100BP。当前，因利率市场化和基准利率调低，永续债发行价格有所降低，一般比同期限中期票据高20BP~30BP 永续债的成本节省技巧和中票类似，但由于其成本更高，在资负率不高、其他项目资本金筹集来源成本更低的情况下，企业可考虑少发或不发永续债

4. 公司债

表3-36　公司债

概念	条件	成本构成和节省技巧
公司债是指公司依照法定程序发行的、约定在一定期限内还本付息的有价证券。公司债主要包括公司债和中小企业私募债，由证券公司承销，最主要的投资者是保险公司和基金 2015年1月，《公司债券发行与交易管理办法》修订版发布，公司债发行范围由境内上市公司扩展到所有公司制法人，即非上市公司也可发行公司债券	公司债券的具体要求： ①最近三个会计年度实现的年均可分配利润不少于公司债券一年的利息 ②公司债累计发行余额不得超过最近一期会计报表净资产的40%	①融资成本较低。满足一定条件的公司债券可以在市场上进行质押式回购和竞价交易，所以在二级市场流动性较高，相应发行价格较中期票据更低 ②资金用途灵活。公司债券所募集资金的用途较中期票据更为灵活，如平台企业可将资金用于补充营运资金，而不限定于特定项目 ③适用范围广泛。公司债券对发行人所在行业限制相对宽松 公司债的成本节省技巧和中票基本一样。由于交易所市场灵活性更高，可以通过在债券中隐含期权的方式，发行可转债、可交换债等含权债券来降低利率水平

5. 企业债

表3-37　企业债

概念	条件	成本构成和节省技巧
企业债是指企业依照法定程序发行，约定在一定期限内还本付息的有价证券 企业债由证券公司承销，由发改委审批，其募集资金的用途主要限制在固定资产投资和技术革新改造方面。一般情况下企业债发债主体多属于中央政府部门所属机构、国有独资企业或国有控股企业，与政府部门的审批项目直接相关	①发债前连续三年盈利，所筹资金用途符合国家产业政策 ②累计债券余额不超过公司净资产额的40%，最近三年企业年平均可分配利润足以支付公司债券一年的利息 ③发债用于投资项目的，发行总额不得超过其投资总额的30%，用于基建项目的不超过20% ④取得公司董事会或市国资委同意申请发行债券的决定	企业债的期限一般为5年以上，以10年和20年居多，采取一年一次的付息方式 企业债的成本节省技巧和中票基本一样

企业债。

（1）流程。

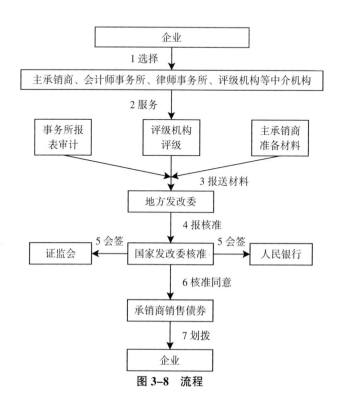

图 3-8 流程

（2）流程图的列示。

表 3-38 列示

序号	详细过程
1	企业做出发行债券融资的决定，选择主承销商、会计师事务所、律师事务所、评级机构等中介机构
2	会计师事务所提供审计会计报表服务，信用机构提供信用评级服务，主承销商准备发行资料
3	企业与中介结构共同制作企业债发行申报材料，向地方发改委报送材料
4	地方发改委转报国家发改委核准
5	国家发改委对发行材料进行审核，与证监会和人民银行会签，并下达发行批文
6	经国家发改委核准同意，承销商销售债券
7	承销商向企业划拨所筹款项

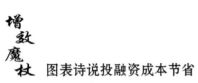

図表詩説投融資成本節省

6. 资产证券化

表 3-39　资产证券化

概念	条件	成本构成和节省技巧
资产证券化指发起人将缺乏流动性，但预计能产生稳定现金流的资产或资产组合（基础资产），出售给特定目的载体（SPV），通过一系列结构安排和组合，以该基础资产产生的现金流为支持发行证券，以获得融资并提高资产流动性的一种结构性融资手段。基础资产包括水、电、气收费，租金收入，物业费收入，景观门票收入，等等 资产证券化具有如下优势： ①拓宽融资渠道：资产证券化是传统股权和债权之外的创新融资方式，摆脱了企业自身的限制，降低了融资门槛，且交易结构设计相对灵活，可满足不同融资需求，实现融资方式多元化 ②融资成本较低：信用级别较低的企业可获得高于自身主体信用等级的融资成本 ③融资规模可观：企业资产证券化产品无净资产比例限制，融资规模主要根据未来现金流贴现确定 ④资产流动性加快：从时间和空间帮助企业变现预期收益，缩短了企业资金回笼时间，锁定利润 ⑤融资自由度高：对募集资金的用途没有限制，不需要与项目挂钩，从而赋予融资方更大的财务自主权 ⑥信息披露有限：只需披露与基础资产相关的信息，降低了信息披露带来的风险 ⑦表外融资：符合"真实销售"条件下，可实现基础资产出表，短期偿债能力增强，杠杆率降低，资产回报率提高，优化资产负债表	在准入方面，资产证券化采取负面清单制度，还款来源直接或间接来源于政府的项目及现金流不稳定的项目不可以进行证券化安排。资产证券化的期限设置比较灵活，通常在5年以内，如果主体评级在AA+以上可以考虑融资期限超过5年	①利率成本。利率成本是资产证券化的最主要成本。目前，资产证券化产品的发行利率一般比同期限同等级银行间的债务融资工具收益率高30BP~100BP，加权利率水平在5%~6%。对优质AAA国企，现阶段综合成本一般不会超过同期贷款基准。发行利率主要与主体和债项评级、发行期限及发行窗口有关 评级高低是决定发行利率最主要的因素，一般而言，资产证券化的基础资产为企业现金流相对稳定的资产，故债项评级较主体评级通常高半级。对于企业而言，可综合考虑，选择自身相对优质的资产作为资产证券化的标的，并选择合适评级公司，以尽量提高债项评级，从而降低发行成本。在融资期限方面，期限越长则利率越高，在综合考虑融资结构等因素基础上，企业可选择期限相对较短的融资方案，如三年期，从而降低发行利率。此外，交易所市场的资金面也会影响发行利率，故企业在发行时应避开月末、季末等资金相对紧张的时点，与主承销商做好沟通，选择合适发行窗口，有效降低发行利率 ②承销手续费。券商每年会依据发行金额收取一定比例的承销手续费，按照惯例，资产证券化的承销费率一般为0.10%~0.30%/年。当前主承销商间的竞争较为激烈，故一般会给予企业承销费率上的折扣。企业在确定资产证券化融资意向后，可组织各金融机构招标，选择报价相对合适的主承销商。另外，在资产证券化项目注册和发行过程中还可与主承销商进一步谈判，尽量降低承销费率 ③律师服务费。资产证券化项目需律师事务所出具专业法律意见，以证明基础资产及项目的合法性。各律师事务所的收费一般在50万元左右，企业可选择合作较为密切的律师事务所，以尽量降低律师服务费用 ④会计服务费。资产证券化需提供近三年及近一期经审计的财务报表，故需相关会所提供会计服务。企业可选择长期提供会计审计服务的会计师事务所，在财务报告上就不需额外支付费用 ⑤评级费用。资产证券项目在注册前需专业评级公司提供主体评级报告和债项评级报告，且发行后每年需评级公司出具跟踪评级报告，总体费用一般在100万元左右。企业可与主承销商沟通，推荐收费相对低的评级公司以降低费用 ⑥托管费。资产证券化项目为保证企业按时足额还款，将建立资金监管账户，且募集资金本身也需银行托管服务，于是会形成托管费用。托管费用与发行金额相关，一般为发行金额的0.05%~0.1%。企业可选择合作密切、收费相对较低的银行合作。此外，还可利用当前各银行对于存款争夺较为激烈的现实，与银行进行深入协商，以尽量降低托管费用。

资产证券化。

（1）流程。

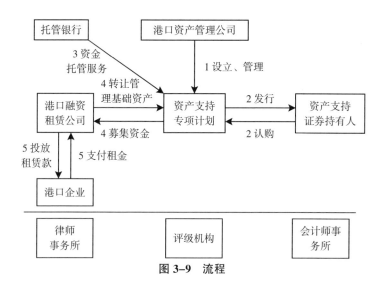

图 3-9　流程

（2）流程图的列示。

表 3-40　列示

序号	详细过程
1	港口资产管理公司设立资产支持专项计划
2	资产支持证券发行，投资者认购资产支持证券，期间产生承销手续费、律师服务费、会计审计服务费、评级费用。受行业限制，港口租赁资产证券化的基础资产具有笔数少、单笔金额大、行业集中度高、资产离散度差的特性。为获得较高评级，应结合投资者偏好和行业现状设计有针对性的增信机制和操作方案,从而达到提高评级降低利率成本的目的
3	托管银行提供资金托管服务，产生托管费用
4	港口融资租赁公司通过转让管理基础资产获得资金
5	港口融资租赁公司向港口企业投放租赁款，港口企业按期支付租金

（三）长期应付款

长期应付款指除长期借款和应付债券之外的其他多种长期应付款，有融资功能的主要包括应付补偿贸易引进设备款和应付融资租入固定资产租赁费等。

表 3-41　长期应付款的融资租赁

概念	条件	成本构成和节省技巧
融资租赁，是指出租人根据承租人对租赁物和供货人的选择或认可，将其从供货人处取得的租赁物按合同约定出租给承租人占有、使用，向承租人收取租金的交易活动	融资租赁准入门槛相对较低。具体要求如下 ①企业无重大不良信用记录（央行系统查询） ②无被执行案件，或存在小额被执行案件但有合理解释的 ③企业经营收入或其他收益可覆盖风险敞口 ④法人代表、实际控制人提供连带担保外追加一名担保人 ⑤企业购买行为真实可靠，该租赁物的购买对客户的发展有必要性，且该设备预期能给企业带来大于租金的收益流入	融资租赁的成本一般比贷款利率高，主要包括： ①利息费用。租赁公司向企业收取融资利息费用，利率一般在基准利率基础上上浮 5%~30%，具体定价视企业资质、项目风险而定 ②手续费。租赁公司向企业一次性或分次收取手续费，一般在融资金额的 1%左右 ③保证金费用。租赁公司一般要求企业提供融资金额 10%的保证金，对企业的现金流形成占用，造成机会成本

（四）递延所得税

递延所得税负债一般没有成本，也不需要节省技巧。

三、少数股东权益

（一）明股实债

表 3-42　明股实债

概念	条件	成本构成和节省技巧
明股实债（或称"名股实债"、"假股真债"等）业务是目前市场上一种创新型的投资方式，其与传统的纯粹"股权投资"或"债权投资"的区别在于这种投资方式虽然形式上是以股权的方式投资于被投资企业，但本质上具有固定收益率、固定期限、明确本金退出机制（如回购、转让）等类债权的约定。明股实债业务被商业银行、信托公司、私募证券公司等广泛使用 通过不同交易结构的设计，明股实债具有降低企业资产负债率、股权融资等多种功能	明股实债要求客户除符合国家相关法律法规、产业政策以及银行信贷政策制度的规定以外，还须同时满足以下条件： ①在商业银行的信用评级须达到相应等级以上 ②有充足的授信额度 ③资金用途为固定资产投资的，要符合国家对项目投资主体资格和经营资质的要求，按规定履行了固定资产投资项目的合法管理程序，项目资本金来源明确并有保证，项目资本金比例及来源符合规定，符合商业银行固定资产贷款规定的条件	①利息支出。商业银行提供的明股实债，一般与企业约定每年收取固定比例的利息，因明股实债项目商业银行承担的法律风险更高、资金来源成本更高，利率相对贷款利率较高，具体利率的高低与企业资质、信用风险以及交易结构相关 ②通道费用。在明股实债中，商业银行需与证券公司、信托公司等机构合作，借用通道以实现交易结构的设计，这些通道机构会收取年化 1‰左右的通道费用，企业可与融资的商业银行充分沟通，以选择收费相对较低的第三方中介机构

（二）产业基金

表 3-43　产业基金

概念	条件	成本构成和节省技巧
企业主导型的产业基金是指由各级企业主导设立的，以基金形式运作，投资于国家重大基础设施建设、PPP（政府和社会资本合作模式）项目、城市发展和优势产业升级、国企混合所有制改革、企业并购和重组等方向的基金	银行一般会要求企业基金的投资方向应符合国家相关法律法规、产业政策和监管要求等。企业信用类基金业务须同时满足以下条件： ①在商业银行的信用评级须达到一定级别 ②在商业银行有充足可用的授信额度 ③商业银行规定的其他条件 产业基金的期限一般不超过 10 年。在交易结构方面： ①基金的交易结构为分级结构设计的，采取优先级、劣后级等分级结构设置，且劣后级份额一般不得低于基金规模的 20% ②基金不进行分级结构化设计，银行投资份额一般不超过基金规模的 50% ③基金应设立合理的本金和收益退出机制，资金退出方式须为现金方式退出，银行一般不接受以实物或其他股权方式退出	①利息支出。商业银行为产业基金的出资方，与企业约定每年收取固定比例的利息，产业基金项目中，商业银行虽然是优先级投资人，但股权类投资承担的法律风险更高、资金来源成本更高，利率相对贷款利率会更高，具体利率的高低与企业资质、信用风险以及交易结构相关 ②通道费用。在产业基金设立过程中，需与有产业基金的管理公司做 GP，还需要证券公司、信托公司等机构作为通道出资，这些机构会收取 3‰~4‰/年的通道费用。企业在设立产业基金时，可与主导的商业银行充分沟通，以选择收费相对较低的第三方中介机构

四、所有者权益

所有者权益的资金表面上看不涉及成本，但实际上考虑到机会成本和股东对回报的预期要求，所有者权益是成本最高的资金，应该尽可能少用。

五、表外融资

（一）贴现

表 3-44　贴现

概念	条件	成本构成和节省技巧
商业汇票贴现是指商业汇票的合法持票人（即贴现申请人）在汇票到期日前为了取得资金，贴付一定利息并将票据权利转让给银行的票据行为。按汇票承兑人的不同，分为银行承兑	银行承兑汇票贴现的条件： ①在银行开立基本账户或一般账户 ②与出票人（或直接前手）之间具有真实合法的商品或服务交易关系 ③持有尚未到期且要式完整的银行承兑汇票 商业承兑汇票贴现的条件： ①经有权机关（或主管机关）核准登记的企（事）业法人、其他经济组织 ②信用等级达到一定等级以上，近三年无不良信用记录	商业汇票贴现期限从贴现之日起至汇票到期日止。纸质商业汇票贴现期限最长不超过 6 个月。电子商业汇票贴现期限原则上不超过 6 个月，在贴现行所在地人民银行允许的电子商业汇票贴现期限内，贴现期限最长不超过 1 年 贴现的成本主要是利率，银行会综合考虑贷款风险、资金成本、综合收益、市场竞争等因素确定价格。由于贴现利率的市场化程度较高，

概念	条件	成本构成和节省技巧
汇票贴现和商业承兑汇票贴现。商业汇票贴现期限一般不超过 6 个月	③生产经营正常，财务状况良好，上年度经营性现金净流量大于零，具有兑付票款的能力 ④与出票人（或直接前手）之间具有真实合法的商品或服务交易关系 ⑤持有未到期且要式完整的商业承兑汇票	各家银行不同时点的利率水平千差万别，特别是银行承兑汇票的贴现不受出票人的授信限制，企业在办理贴现时可以货比三家，选择利率低的机构办理来降低成本

贴现。

（1）流程。

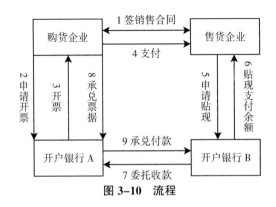

图 3-10　流程

（2）流程图的列示。

表 3-45　列示

序号	详细过程
1	购货企业和售货企业签订销售合同
2	购货企业向开户银行 A 发出开立银行承兑汇票申请
3	开户银行 A 审核相关资料后根据企业资信情况给予授信。企业存入保证金后，开户银行 A 向购货企业签发票据
4	购货企业用银行承兑汇票向售货企业支付购货款
5	在银行承兑汇票到期前，售货企业向开户银行 B 申请贴现
6	开户银行 B 扣除贴息后支付余额
7	承兑到期，开户银行 B 向开户银行 A 发出委托收款的通知
8	购货企业到期承兑票据
9	开户银行 A 承兑付款给开户银行 B

（二）信用证

表 3-46　信用证

概念	条件	成本构成和节省技巧
信用证，是指开证行依照申请人的申请开出的，凭符合信用证条款的单据支付的付款承诺。信用证业务必须具备真实贸易背景。信用证业务包括开立国内信用证以及国内信用证项下买方押汇、卖方押汇、打包贷款、议付、福费廷、买方代付等 对于信用证的开证申请人来说，不必担心受益人不履行义务，即受益人只有履行义务并满足信用证的要求（比如按信用证规定的交货期交货，并提交信用证规定的单据）才能取得货款，也就是开证申请人的诉求得到了满足——受益人按信用证的要求交了货，并得到了货权，信用证项下的款才付出 对于信用证的受益人来说，只要按照信用证的要求行事，就可以保证得到价款	办理信用证业务的一般条件如下： ①客户信用等级应在一定等级以上，办理低信用风险国内信用证业务的客户可不受信用等级限制 ②依法从事经营活动，具有真实合法的贸易背景 ③在商业银行开立人民币基本存款账户或一般存款账户，办理低信用风险国内信用证业务的客户也可只开立临时账户 ④企业成立时间满足银行规定要求	①交纳保证金所形成的成本。信用证项下的开证申请人需交纳不低于开证金额20%的保证金，并需对保证金以外部分落实合法、足值、有效的担保。低风险信用证业务更是要求交纳100%的保证金。保证金在银行通常称为定期或者活期存款，对企业的现金流形成占用，故造成机会成本。如果采取资产抵押或外部担保的形式以弥补交易金额与保证金间的差别，则又会牵涉到资产评估、担保等费用 ②开证费。商业银行在开具进口信用证时，一般收取交易金额的1.5‰作为开证费 ③事项修改费。在开具进口信用证时，银行会与企业约定交易的时间、地点、形式以及货物性质等事项。如果企业在与出口方的沟通中在交易事项上发生变动，则商业银行需对信用证约定事项进行修改，会收取几百元的事项修改费 ④付款费。当交易达成后，企业需在约定时间内通过信用证开具行向出口方交纳货款。商业银行会在此过程中收取约1‰的付款费。如果涉及外币交易，则企业还需承担货币兑换造成的相关费用 ⑤不符点费。在办理信用证业务过程中，商业银行会要求企业提供仓单、发票、保险单等凭证，并就交易事项做具体约定，形成条款。如果企业未能按时提供相关凭证或在交易事项方面与事先约定不符，则银行会收取不符点费，通常为几百元人民币 综上，企业办理进口信用证的综合费用在交易金额的2.5‰左右 企业办理出口信用证的费用构成相对简单，商业银行所做工作主要是审查信用证条款及贸易真实性等，通常会收取1.25‰的审费 议付信用证项下低信用风险业务利率一般类似于票据贴现利率，其他国内信用证项下融资业务利率一般类似于法人贷款利率 除了通过谈判选择费率低的银行外，信用证业务的成本节省还可采取提高信用水平降低保证金比例，减少事项修改、单据不符点来降低修改费、不符点费等业务处理费用等方式

信用证。

（1）流程。

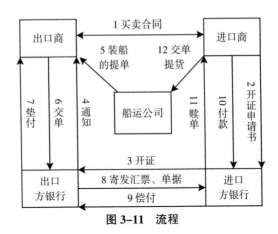

图 3-11　流程

（2）流程图的列示。

表 3-47　列示

序号	详细过程
1	买卖双方签订买卖合同，约定以信用证方式进行结算
2	进口商向开证行递交开证申请书，约定信用证内容，并支付押金或提供保证人
3	开证行接受开证申请书后，根据申请开立信用证，正本寄给通知行，指示其转递或通知出口商
4	由通知行转递信用证或通知出口商信用证已到。通知行在开证行要求或授权下对信用证加以保兑
5	出口商认真核对信用证是否与合同相符，如果不符，可要求进口商通过开证行进行修改；待信用证无误后，出口商根据信用证备货、装运、开立汇票并缮制各类单据，船运公司将装船的提单交予出口商
6	出口商将单据和信用证在信用证有效期内交予议付行
7	议付行审查单据符合信用证条款后接受单据并付款，若单证不符，可以拒付
8	议付行将单据寄送开证行指定的付款行，向其索偿
9	开证行收到单据后，应核对单据是否符合信用证，如正确无误，即应偿付议付行代垫款项，同时通知开证申请人备款赎单
10	进口商付款赎单，如发现不符，可拒付款项并退单。进口商发现单证不符，也可拒绝赎单
11	开证行将单据交予进口商，赎单
12	进口商凭单据提货

（三）保付

表 3-48　保付

概念	条件	成本构成和节省技巧
保付加签业务是指在以 D/A 或 T/T 方式结算的国际贸易中，出口商对进口商的信誉难以确定，要求第三方（一般是银行）对进口商的资信	银行一般要求办理保付加签业务的进口商除具备办理一般贸易融资业务客户的基本条件外，还应具备以下条件：	保付加签的成本主要是手续费，一般会有 2‰~5‰ 的手续费 保付加签的成本节省主要通过与银行的谈判来控制。而且保

概念	条件	成本构成和节省技巧
和清偿能力进行担保，担保银行在已承兑的汇票上加注"Per Aval"字样，并签注担保银行名字，从而构成担保银行不可撤销的银行担保	①进口代收项下及 T/T 项下客户必须分别达到一定级别以上②进口商资信状况良好，有足额的授信额度，履约记录良好	付加签是进口商对出口商提供的还款保障，进口商可以在购货价格中要求一定折扣来进行补偿

第三节　多个融资产品组合成本节省

表 3-49　组合成本节省

债的融资成本节省	商业信用的组合	利用商业信用来融通资金对企业而言是成本最低的，但对于卖方来说，由于不能立即收到现金，实际增加了企业的资金占用成本，因此要达成商业信用融资，需要买方的市场地位足够强势，可以要求卖方接受赊销条款要求。而在买方的强势地位不够突出的情况下，要达成商业信用融资，就需要协助卖方解决资金周转的需求了。比较常见的组合有应付账款+保理、应付账款+商业票据等
	银行贷款的组合	在我国间接融资总量仍大于直接融资的背景下，银行融资的组合管理对当前企业而言十分重要，贷款组合的成本主要由利息和费用组成，通过组合贷款来降低融资成本，其实质就是在风险可控的情况下，通过一定程度的期限错配、方式错配、币种错配等来降低利息成本，同时做好对合作银行以及中介机构的管理，尽量降低重复付费
	其他融资的组合	除银行贷款外，债券市场是企业获得融资的主要来源，不论是银行间市场的中票、短融还是交易所市场的公司债、企业债，其成本节省的核心在主承销商的销售能力，这是决定债券票面价格的关键，而其他中介费用相对来说比例较小，压缩的空间不大。对债券市场以外的其他融资而言，由于资金来源、募集方式、监管要求的不同，成本、费用之间的差异非常之大，因此成本节省的核心在于借款人的资质和谈判能力
股债结合的融资成本节省		股权性融资虽然没有确定的支付利息，但考虑到资金的机会成本、投资的回报压力等因素，股权性融资是企业成本最高的融资方式，对大股东而言还有丧失控制权风险，但是在一些特定的情况下，为了控制资产负债率、募集资本金等需求，还是需要进行股权融资，因此股债结合的融资成本节省最简单的方式就是采取"明股实债"的方式来融资，这样既可以获得股权融资的好处，又不用负担过重的成本。当然"明股实债"方式的融资，会进一步加大企业的杠杆率，虽然会降低成本放大收益，但也会让企业暴露在更大的风险中，对投资项目的收益确定性要有更高保障才适合

某世界 500 强公司从事大型医疗设备的生产、销售业务，需要在某省新建生产基地扩大产能，为实现成本节省的需求，采取以下融资方式：

图表诗说投融资成本节省

一、利用商业信用

考虑到公司在日常业务中，需要处理与上游设备、服务和原材料供应公司的采购关系，而公司为世界 500 强企业，信用度高，上游客户对公司的依存度高，因此为降低成本，可考虑扩大非带息负债的资金来源，导入票据结算等手段，通过对外延期支付或转嫁资金成本发挥规模效益、降低成本。

表 3-50   与上游公司间的商业信用融资

融资类型	适用对象	成本构成	功能对比分析
应付账款	对公司依存度高、议价能力较弱的上游供应商	几乎无成本	该类型资金来源稳定，可以根据公司自身的需要灵活调整，额度、账期的确定取决于供销双方的谈判地位和能力，为了配合供应商的资金需要，公司可能会要满足供应商的保理需求，为其提供应付账款确认等支持
应付票据（商业承兑汇票）	交易稳定、金额较大、信誉良好、资金较充裕的供应商	商票管理行代开承兑汇票的手续费（一般为万分之五）	该类型票据使用灵活，但由于商业承兑汇票是商业信用，汇票的流通性较差，不过可以采取协调主融资行（通常是商票管理行）开票即贴的承诺，通过三方构造贴现协议，为供应商提供资金支持，适合大宗承包交易。贴现利率完全市场化，资金成本可自由选择由买方或卖方承担，成本易控
应付票据（银行承兑汇票）	设备与原材料、维护工具等供应商、服务商	承兑行除收取面额万分之五的手续费外，还会根据客户的信用状况收取保证金和敞口部分的承诺费	该业务实质是在商业信用上，由承兑行提供无条件支付的担保，将商业信用转化为银行信用，供应商易于接受，银行承兑汇票的贴现市场巨大、交易活跃，票据易于变现

二、利用银行融资

公司决定在某省投资新建的项目公司通过长期固定资产贷款来解决资金问题，并已通过某银行审批长期贷款，考虑到长期贷款期限虽然与公司的投资周期一致，流动性风险较低，但长期贷款利率较高，为节约融资成本，公司采取了期限和方式错配的手段，在项目建设期，通过票据贴现和长期贷款的价格差，以及项目贷款与银行承兑汇票贴现组合运用来降低项目资金成本。一般而言票据贴现的市场价格通常比同期限贷款的价格低 150BP，因此，在需要项目贷款资金支付工程款、购买设备时，交易双方可以约定用银行承兑汇票贴现的方式结算，即使不能将贴现利息转嫁给供应商，也可采用提高采购金额以至可以覆盖银行承兑汇票贴现成本的方式，先做半年的承兑汇票贴现，半年后再提取等额项目贷款用于兑付银行承兑汇票，这样即可节省半年的项目资金贷款利息与贴现利息的差额。

三、利用直接融资

公司在某省的项目公司因为刚设立，不具备直接发债融资条件，考虑到当前银行间市场的中期票据收益率低于同期限的贷款利率，而公开发行且符合质押式回购标准的公司债券其发行利率预计将低于银行间市场同信用评级、同期限的可比中票收益率，具备融资成本优势，因此公司准备以母公司为主体，作为债务人发行长期公司债券，用于项目建设。

四、利用类股权资金筹集资本金

考虑到项目公司建设期内，项目投资较大，且同时资本金要求较高，项目在建设期也没有收入和利润，而该项目后期收益高、现金流充足、项目风险低，因此公司决定通过类股权方式筹集资本金，进一步增加杠杆提高股东回报。

类股权方式筹集资本金。

（1）流程。

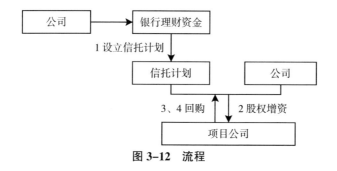

图 3-12　流程

（2）流程图的列示。

表 3-51　列示

序号	详细过程
1	银行理财资金通过信托公司设立信托计划
2	信托计划对项目公司进行股权增资
3	公司按季回购银行部分信托收益权，并将信托计划收益权管理权委托给银行
4	融资期满，公司回购银行理财资金持有的剩余全部信托计划收益权

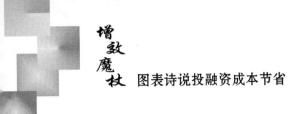

读书笔记

第四章　投融资税务成本节省

★ **内容提要**：
纳税选择谋略活，
税前税后差别多。
用活政策收成好，
节省税金要慎磨。

第一节 投资的税务成本节省

企业投资过程中，由于不同的投资方式、不同的企业组织形式、不同的投资地点、不同的投资行业会产生不同的税务成本，企业在进行上述事项的策划与谋划中，可选择与企业发展战略相吻合，又能节省税务成本的方式，从而增加企业利润、增强企业发展实力。按照常用性分类，可将投资涉税分为四类，以下是企业投资涉税分解图。

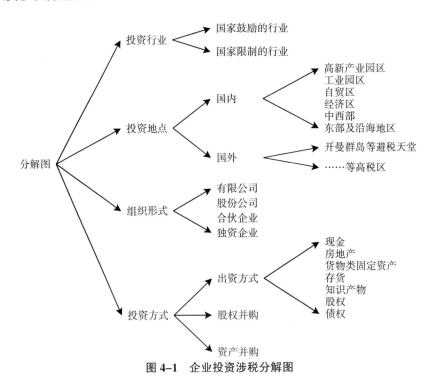

图 4-1　企业投资涉税分解图

一、投资行业选择的税务成本节省

税务政策是国家经济政策的重要组成部分，国家鼓励什么、限制什么、优先发展什么、一般发展什么，均可通过税务政策进行落地。故涉及内容较多，此处仅选择"营改增"倾向性的行业加以比较。

对 2016 年 5 月 1 日实施的"营改增"中的不同行业进行比较。

表 4–1　比较

行业		税率（%）
现代服务	研发和技术服务	6
	信息技术服务	
	文化创意服务	
	物流辅助服务	
	鉴证咨询服务	
	广播影视服务	
	商务辅助服务	
	其他现代服务	
提供生活服务	文化体育服务	6
	教育医疗服务	
	旅游娱乐服务	
	餐饮住宿服务	
	居民日常服务	
	其他生活服务	
提供建筑服务		11
提供交通运输服务		11

　　例：一家企业集团有两种投资方案，一种是投资现代服务业，成立一家建筑设计公司，另一种是成立一家建筑公司。假设年销售收入为 1 亿元。这时的税收成本是多少？

　　解：（1）建筑设计公司增值税税率为 6%。

$10000/(1+6\%) \times 6\% = 566.04$（万元）

　　（2）建筑公司增值税税率为 11%。

$10000/(1+11\%) \times 11\% = 990.99$（万元）

　　由以上结果可知，仅从税收成本节省角度看，选择成立建筑设计公司比建筑公司节省成本 424.95 万元。

二、投资地点选择的税务成本节省

　　投资地点的选择是税务成本节省的重要组成部分。不同的国家、不同的地区、同一国家的不同区域，其税务成本的大小不同，直接影响企业的税务成本。从国家层面讲，开曼群岛、中国香港等是避税天堂，其税收成本比内地低很多；从中国范围上讲，中西部税收成本比东部及沿海地区低，高新产业园区税收成本比工业园区低，自贸区税收成本比经济区低。我们在投资时，尽可能选择低税务成本地区，并且最大限度地选择税收优惠交集地区，使得税务成本更低。

这里仅将高新产业园区和工业园区的企业所得税做一比较。

表4-2 企业所得税比较

地点	税率（政策）
高新产业园区	①前二年企业所得税减免 ②第三年至第五年，按照25%的法定税率减半征收企业所得税
工业园区	所得税税率25%

例： 上海辉煌公司准备成立一家高科技企业的飞煌公司，飞煌公司在何处设立，有两种意见，一是在离本部20千米的高新产业区设立，二是在离本部3千米的工业园区设立。预计不论在哪个区设立，每年盈利均在3000万元。

解： 以五年为限计算。

（1）在高新产业园区设立公司的情况。

所得税 = 3000 × 2 × 0% + 3000 × 3 × 25% × 50% = 1125（万元）

（2）在工业园区设立公司的情况。

所得税 = 3000 × 5 × 25% = 3750（万元）

在高新产业园区比工业园区节省所得税2625万元（3750 - 1125）。

三、投资企业组织形式的税务成本节省

国内企业的组织形式，一般有五种。

表4-3 国内企业的组织形式

组织形式	概念	特点	税收
股份有限公司	是指以公司资本为股份所组成的公司，股东是以其认购的股份为限对公司承担责任的企业法人	①独立的经济法人 ②股东人数2人以上，200人以下 ③以股份为限承担经济责任 ④有条件地公开发行股票	正常
有限责任公司	是指符合法律规定的股东出资组建，以其出资额为限对公司承担责任，公司以其全部资产对公司债务承担责任的企业法人	①独立的经济法人 ②股东人数1人以上，50人以下 ③股东以其出资为限承担经济责任 ④不能公开募集股份，不能发行股票	正常
一人有限责任公司	是指由一名股东（法人或自然人）持有公司的全部出资的有限责任公司	①独立的经济法人 ②股东人数1人 ③以出资额承担有限责任	正常

续表

组织形式		概念	特点	税收
个人独资企业		是指个人出资经营、归个人所有和控制、由个人承担经营风险和享有全部经营收益的企业	①不具有法人资格 ②投资人为1个自然人 ③承担无限连带责任	不征收企业所得税
合伙企业	普通合伙企业	是指由合伙人依法订立合伙协议，共同出资，合伙经营，共享收益，共担风险，并承担无限连带责任的企业	①不具有法人资格 ②合伙人数2人以上 ③承担无限连带责任	不征收企业所得税
	有限合伙企业	是指由普通合伙人与有限合伙人依法订立合伙协议，普通合伙人对合伙企业承担无限连带责任，有限合伙人以其认缴的出资额为限对合伙企业债务承担责任		

注：股份有限公司和有限责任公司在缴纳税金时，依其规模可分为一般纳税人和小规模纳税人，小规模纳税人税负成本比一般纳税人低。

投资企业时，可依五种组织形式设立企业类型，便于税务成本节省。就一般情况而言，合伙企业、个人独资企业比股份有限公司、有限责任公司节省税务成本；股份有限公司、有限责任公司中的小规模纳税人比一般纳税人节省税务成本。

例：刘宁、王伟合伙设立一家小型超市，分别占股50%与50%。该超市预计年利润130万元，是设立有限责任公司，还是合伙企业，对刘宁、王伟有利？

解：（1）设立有限责任公司。

公司所得税 = 130 × 25% = 32.5（万元）

个人所得税 = （130 - 32.5）× 20% = 19.5（万元）

个人分红 = 130 - 32.5 - 19.5 = 78（万元）

（2）设立合伙企业（无企业所得税）。

个人所得税 = 130 × 35% - 1.475 = 44.025（万元）

个人分红 = 130 - 44.025 = 85.975（万元）

设立合伙企业比设立有限责任公司节省所得税（85.975 - 78）= 7.975（万元）。

四、投资方式的税务成本节省

（一）出资方式（增资并购）

公司出资方式是指采用货币出资，或用实物、知识产权、土地使用权等可以用货币估价并可以依法转让的非货币财产作价出资，去取得目标公司长期权益性投资资产（股权）的行为。

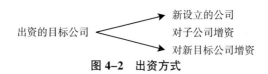

图4-2　出资方式

表4-4　出资方式分解

货币出资	对外投资	所得税：无
		印花税：合同约定出资额的 0.5‰
	接受投资	所得税：股票发行价格等于股票面值，无
		所得税：股票发行价格大于股票面值，大于部分登记公司资本公积，无
房产出资	对外投资	所得税：评估值小于等于财务账面值，无所得税；评估值大于财务账面值，有所得税
		增值税：老项目按 5%征收，可开专票；新项目则 11%，可开专票
		土地增值税：政策免征税（对于投资方或接受投资的一方，如果是房地产企业，则要征收土地增值税）
	接受投资	所得税：评估价格等于注册资本出资额，无税；评估价格大于注册资本出资额，无税，大于部分登记资本公积
		契税：非公司制国企、国有独资、国有控股，免征；其他类公司有税，3%~5%（投资到全资子公司，无论是国有或私有全部免征契税）
动产类固定资产投资	对外投资	所得税：评估大于财务账面值，增加所得税额；评估小于财务账面值，减少所得税额
		增值税（2009 年增值税改革）：2009 年 1 月 1 日后购进或自制固定资产，已使用的按现行税率；2008 年 12 月 31 日以前购进或自制的固定资产，按 4%征收率减半
	接受投资	所得税：股票发行价格等于股票面值，无
		所得税：股票发行价格大于股票面值，大于部分登记公司资本公积，无所得税
存货出资	对外投资	所得税：评估价大于出资资产在投资公司财务账簿上的登记价值，有税；评估价等于出资资产在投资公司财务账簿上的登记价值，无税；评估价小于出资资产在投资公司财务账簿上的登记价值，减少税
		增值税：视同销售，有税，进项税可抵扣。出资额=交付存货资产净价额+增值税额
		消费税：如该存货为投资公司自己生产的应税消费品，投资公司要缴税
	接受投资	所得税： ①新设公司为有限责任公司，存货作价额会等于其出资额 ②新设公司为募集设立的股份公司，溢价方式发行股份，存货作价高于股份公司登记的投资公司缴付的股本额，高出部分作为资本公积金 ③以存货出资对目标公司进行增资并购，存货作价额大于实收资本额，作为目标公司资本公积金
知识产权出资	对外投资	所得税：评估价大于出资资产在投资公司财务账簿上的登记价值，有税；评估价等于出资资产在投资公司财务账簿上的登记价值，无税；评估价小于出资资产在投资公司财务账簿上的登记价值，减少税
		增值税：无形资产投资要缴纳增值税
	接受投资	所得税：不会产生。在目标公司以溢价的价格向投资公司增发股份的情况下，溢价部分登记为公司资本公积金

续表

股权出资	对外投资	所得税：评估价大于出资资产在投资公司财务账簿上的登记价值，有税；评估价等于出资资产在投资公司财务账簿上的登记价值，无税；评估价小于出资资产在投资公司财务账簿上的登记价值，减少税
	接受投资	所得税：不会产生。即使目标公司溢价发行股份，溢价部分计入资本公积金
债权出资	对外投资	所得税：债权的评估价一般会低于债务本身的价值额，即折价不会产生所得税，反而会因损失产生递延所得税资产
	接受投资	所得税：①折价部分。目标公司会以评估后折价确定资产。现实中，目标公司会以全额申请债权。评估价大于债权面值，差额计入当期收益，有税；评估价小于债权面值，差额计入当期损失，减少所得税。②溢价发行股份。溢价部分计入资本公积金

（二）股权并购模式：受让股权、合并并购

1. 受让股权（股权并购）

表 4-5　受让股权

货币支付股价	支付股价方	所得税：无
		印花税：有
	股权出让方	所得税：转让长期投资价格大于企业取得长期投资的成本，有；转让长期投资价格小于企业取得长期投资的成本，无
股权支付股价	特殊性税务处理	前提：投资公司收购的股权达到目标公司全部股权的 50%，投资公司以股权支付的股价达到全部股份的 85%的
		被收购企业股东取得收购企业股权的计税基础，以被收购企业股权的原有计税基础
		①目标公司的股东以换出股权的计税成本确定换入股权的计税成本，不会发生转让财产的所得，不会增加企业所得税的纳税义务 ②若投资公司以自行发行股份的方法支付目标公司股东出让股权的对价，在投资公司自行发行股份的股本额等于换入股权在出让方账务账簿上登记的计税成本情况下，属于平行发行股份，无收益；在投资公司自行发行股份的股本额小于换入股权在出让方账簿上登记的计税成本情况下，其小于额为投资公司溢价，列入投资公司资本公积金
	一般性税务处理	出让股权的目标公司应当按照换入股权的公允价值登记换入股权的成本，同时确定转让股权的应税所得
		投资公司若用自己发行股份的方法支付股价，则也应当以换出股权的公允价值确定换入股权的计税成本，换入股权计税成本与换出股份股本之间的差额计入资本公积金
	用长期股权投资支付股价	以公司持有的长期股权投资对外支付受让股权的价款，视同公司转让长期股权投资资产。其交易公允价值与该股权计税成本之间的差额，计入当期损益
	个人以股换股情况	自然人或相关企业作为目标公司的股东向投资公司出让股权，投资公司以股权支付的情况下，出让股权的自然人或相关企业必须按出让股权的交易价格（公允价值）扣除该股权的计税成本确认损益

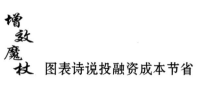

房地产支付股价	支付股价方	所得税：投资公司转让房地产价格（公允价值）大于该房地产账簿登记的净值，产生当期收益，有税
		增值税：视同销售房地产，有税
		土地增值税：有
	股权出让方	所得税：投资公司转让房地产价格（公允价值）大于该房地产账簿登记的净值时有收益，有税
		契税：有
动产类固定资产支付股价	支付股价方	所得税：公允价值与换出资产账面价值的差额计入当期损益。公允价值大于换出资产账面价值时，有收益，有所得税
		增值税：2009年增值税改革前，一律6%，销售自己使用过的，免征；2009年之后，进项税抵扣
	股权出让方	所得税：转让价格与出让股权在财务账簿上登记的价格确认当期损益。转让价格大于出让股权在财务账簿上登记的价格时，有所得税
存货支付股价	支付股价方	所得税：转让资产的价格或换入股权的公允价值大于换出存货的计税成本，有所得税
		增值税：存货资产的转让价格换算成净价和增值税额，并为股权出让方开具增值税专用发票，进项税可抵扣
		消费税：存货为应税消费品，应缴税
	股权出让方	所得税：转让股权的价格或公允价值大于换出股权的计税成本，就产生收益，有所得税
知识产权支付股价	支付股价方	所得税：知识产权作价大于出资知识产权在投资公司财务账簿上登记价值额，其差额做当期收益，有税
		增值税：有税
	股权出让方	所得税：出让股权的作价金额大于股权的计税成本，股权出让方就会产生转让财产的收益，有税
债权支付股价	支付股价方	所得税：债权资产的转让价格一般都会低于债权本身的价值额，绝大多数不会有所得税
	股权出让方	所得税：受让的债权因协商折价部分，当追回余额大于折后部分时，有税。股权出让方溢价转让股权的部分，转让价大于股权成本时，有税
承债方式支付股价	支付股价方	所得税：转让股权价格一般会等于承担债务的作价额，无税
	股权出让方	所得税：①转让债务。股权出让方加价转让负债，有损失，无税；股权出让方出价等于转让负债，无税；股权出让方出价小于转让负债，有税。②转让股权。转让价格大于计税成本，有税；转让价格小于计税成本，有损失，无税

2. 合并并购

表4-6 合并并购

| 所得税 | 特殊性处理 | 被合并公司股东取得的合并后公司股权的计税成本，按其持有的被合并公司的股权的计税成本确定，故不会发生应税所得 |
| | | 合并公司取得的被合并公司的资产和负债的计税成本，按照该资产在原公司的计税成本确定，故不会发生应税所得 |

续表

所得税	一般性处理	合并公司应按照公允价值确认接收被合并资产和负债的计税成本，从而被合并公司可能会产生转让财产所得
		被合并公司及其股东按照清算进行所得税处理，有所得税
营业税		合并非转让（销售），不需缴营业税
契税		免征
土地增值税		免征
增值税		免征

注：合并前亏损弥补问题。符合特殊性税务处理条件的合并公司，合并后的公司可以在税法规定的年限内对合并前公司的亏损进行弥补；一般性税务处理，合并前亏损一律不能结转合并后的公司。

（三）资产并购

表4-7　资产并购

以货币支付资产转让价款	支付方（受让方）	所得税：无
		契税：3%~5%。如安置目标公司员工30%，签三年合同，减半；如安置目标公司员工100%，签三年合同，全免
	出让方	所得税：转让价大于账簿上的净值，有税；转让价小于账簿上的净值，减少所得税缴纳
		增值税：政策免税
		土地增值税：政策免税
		转让货物类固定资产的增值税：政策免税
		转让存货资产的增值税：无
以股权支付资产转让价款		投资公司用来支付资产转让价款的股权可以分为两类：第一类是投资公司向目标公司增发股份，使目标公司成为自己的股东。第二类是投资公司将自己对其他公司的股权"转让"给目标公司。以增发股份支付资产转让价款，即使溢价发行，所获得资产价值一部分登记为实收资本，另一部分登记为资本公积，而以第三方的股权作为资产转让价款的支付手段，大于票面价值时登记收益，有税
	所得税"特殊性"处理	受让企业收购的资产不低于转让企业全部资产的50%，且受让企业在该资产收购发生时的股权支付金额不低于交易支付总额的85%。可以选择按以下规定处理：①转让企业取得受让企业股权的计税基础，以被转让资产的原有计税基础确定；②受让企业取得转让企业资产的计税基础，以被转让资产的原有计税基础确定
	所得税"一般性"处理	目标公司转让资产的价格大于其资产的计税成本，就会增加所得税；投资公司用于支付的股权是本公司增发的股份，其交易价格大于股份的票面价值，收益登记资本公积。如股权是对外投资形成的，交易价格大于股权计税成本，有所得税
	受让方	契税：3%~5%。如安置目标公司员工30%，签三年合同，减半；如安置目标公司员工100%，签三年合同，全免

以股权支付资产转让价款	出让方	增值税：政策免税
		土地增值税：政策免税
		转让货物类固定资产的增值税：政策免税
		转让存货资产的增值税：无
		转让存货资产的消费税：存货资产为应税消费品，有税
资产交换资产		应当按照公允价值分别确认资产转让所得。不提高评估价格
	受让方	所得税：换出资产大于换入资产，有税
		增值税：不征收
		契税：有。若安置员工达一定比例，可减或免税
		土地增值税：有
		增值税：视同购进货物，可抵扣进项税
	出让方	所得税：换出资产大于换入资产，有税
		增值税：不征收
		土地增值税：免征
		增值税：视同销售，全额征税，可开专票
以债权支付价款	用对目标公司的债权支付	受让方。所得税：往往会确认债权清收的损失，无税
		出让方。所得税：往往会确认债务清偿的所得，有税。按资产重组可优惠
	用对第三方债权支付	受让方。所得税：如打折，记损失
		出让方。所得税：接受债权的数额大于换出资产的净值，记收益；将来清收第三人债务时，接受债权的数额小于换出资产的净值，有损失
		其他税收如以货币支付资产转让价款

五、投资税务成本节省的操作思路

通过以上归纳，可以获得至少"八个替代"的投资（收购）税务成本节省的操作思路。

表 4-8　投资税务成本节省的操作思路

方法	内容
用低税率行业替代高税率行业	投资时，尽可能选择低税率行业，不选择或少选择高税率行业
用低税率纳税地点替代高税率纳税地点	投资时，尽可能选择低税率纳税地点，不选择或少选择高税率纳税地点
用低税率企业组织形式替代高税率企业组织形式	投资时，尽可能选择低税率企业组织形式，不选择或少选择高税率企业组织形式
用公允价值的下限替代谈判价格	当用非货币资产支付股款时，在保证双方利益时，首先把非货币资产及股价，均按公允价值的下限去定价。其次，用非货币资产设立股份公司。最后，双方进行股权交换。避免资产交易，可以节省大量税务成本

方法	内容
用收购股权替代收购公司资产	当投资（或收购）一家集团下的部分资产，在保证双方利益前提下，首先将欲投资（或收购）的该部分资产从集团分立出来。其次，以该分立出来的资产设立一家有限责任公司。同一控制人（集团内）下分设公司，不需要支付对价。最后，投资（或收购）时，购买其股权。这样，避免了资产交易过程中的大量税费，节省了大量的成本
用收购个人股权替代收购公司股权	当投资（或收购）一家公司股权时，若该公司是个人股东组成的股份公司，不需要直接投资（或收购）该公司股权，可采取直接投资（或收购）该公司的个人股权。这样，可避免缴纳企业所得税
用特殊性处理替代一般性处理方式	股权（资产）收购时，尽量选择收购（受让）的股权（资产）不低于被收购（转让）企业全部股权（资产）的50%；收购（受让）企业在该股权（资产）收购发生时的股权支付金额不低于其交易支付总额的85%。这样，可使用被收购股权（资产）的原有计税基础确定
用一个会计期间替代另一个会计期间	把一个会计期间的业务通过一定的替代，变为另一个会计期间，实现业务收入、费用、成本、税金的跨期转移，这样，可实现税金延期支付

六、投资税务成本节省案例

1. 转换方式：由直接方式变为股权方式

例： 上海辉煌公司是一家非房地产企业，在广州有一家分公司，拥有净值7000万元的房地产，现因调整战略，拟对外出售，现有广州飞耀公司愿意出资购买，辉煌公司与飞耀公司友好协商转让价格为2亿元。

解： 根据题意，有两种方案可供选择。

表4-9　方案比较

单位：万元

交易方式	税种	第一种方案：直接出售	第二种方案：先设子公司，再转股权	第二种方案比第一种方案节省
辉煌公司	增值税（5%）	619.04		-619.04
	土地增值税及费用	6000		-6000
	契税（3%）		360	+360
飞耀公司	契税（3%）	600		-600
	印花税（5‰）	10	10	
合计		7229.04	370	-6859.04

第二种方案操作时，辉煌公司先将广州分公司的房地产评估作价1.2亿元，以1.2亿元作为注册资本成立辉虹公司，辉虹公司注册完毕后，辉煌公司将持有子公司——辉虹公司股权以2亿元的价格转让给飞耀公司。第二种方案比第一种

方案节省成本 6859.04 万元。

说明： 直接方式包括以货币收购、以资产收购、以债权收购等方式。

2. 选择方式：由直接方式变为税差方式

例： 上海辉煌公司为了完善产业链，拟对苏州高创公司进行 40% 股权收购。苏州高创公司由合创公司持股 40%，由 8 名股东组成；众创公司持股 40%，其中，众创公司由 4 名自然人股东组成，各占 10% 股份；其他个人股东占 20% 股份。经过协商，辉煌公司拟出资 10 亿元收购高创公司 40% 股权，40% 股权对应注册资本金 1 亿元。在收购中，有两种方案可供选择：一种是收购合创公司持有的 40% 股份。另一种方案是直接收购众创公司 4 名自然人股东名下的各 10% 股份。

解： 依据题意，计算如表 4-10 所示。

表 4-10　方案比较

单位：亿元

税种	第一种方案：收购合创公司	第二种方案：收购众创公司的 4 名股东股权	第二种方案比第一种方案节省
企业所得税（25%）	$(10-1) \times 25\% = 2.25$		-2.25
个人所得税（20%）	$(10-1-2.25) \times 20\% = 1.35$	$(10-1) \times 20\% = 1.8$	+0.45
合计			-1.8

说明： ①节省税收：第二种方案比第一种方案节税 1.8 亿元；

②股东实得：第一种方案股东实得现金为 $(10-1-2.25-1.35) = 5.4$（亿元）；

第二种方案股东实得现金为 $(10-1-1.8) = 7.2$（亿元）。

第二种方案股东可多得 1.8 亿元现金。

3. 调整方式：由直接方式变为降低评估方式

例： 武汉腾飞公司拟出资受让上海辉煌公司持有的宇宙公司的股权。宇宙公司注册资本金为 5000 万元，其中辉煌公司出资 3500 万元，占宇宙公司全部股权的 70%。经过腾飞公司与辉煌公司的一致协商，腾飞公司以上海市的一处房地产向辉煌公司支付股权转让款。

在协商中，形成了两种方案，第一种方案是股权作价 1 亿元，房地产作价 0.95 亿元，补现金 500 万元；第二种方案是股权作价 0.8 亿元，房地产作价 0.75 亿元，补现金 500 万元。

解： 根据题意，方案比较如表 4-11 所示。

表4-11　方案比较

单位：万元

交易方	税种	第一种方案	第二种方案	第二种方案比第一种方案节省
辉煌公司	契税（3%）	9500×3%=285	7500×3%=225	-60
	企业所得税（25%）	（10000－3500－285）×25%=1553	（8000－3500－225）×25%=1068	-485
腾飞公司	营业税（5%）	9500×5%=475	7500×5%=375	-100
	土地增值税	1100(扣除项目6000万元)	307(扣除项目5502万元)	-793
	企业所得税	（9500－6000－475－1100）×25%=481	（7500－5502－375－307）×25%=329	-152
合计		3894	2304	-1590

第二种方案比第一种方案节省成本1590万元。

说明：在合理的范围内，做低价格，可带来大额节税。

第二节　融资的税务成本节省

在考虑融资成本节省的时候，除了融资的利息和费用成本外，还必须考虑税收成本。因此融资成本的节省不能只考虑利息和费用成本的最小化，还必须结合企业纳税成本的高低一并考虑，一是设计最优化的交易结构，获得最小的税收成本支出；二是对于支付的各种利息成本如何获得在税前全额扣除的税务待遇。

一、银行借款的税务成本节省

企业为了生产经营的需要，向国内与国外银行按照规定利率和期限借款是企业最主要的融资手段。

企业在融资过程中往往会发生利息支出以及相关的一些支出，如财务顾问费；承担另外的一些特殊，如购买不良债权等。

首先来了解一下企业融资利息支出在税务上的相应政策规定：

利息支出的税务处理。

1. 原则性规定

表4-12 原则性规定

原则	详细内容
相关规定	《企业所得税法实施条例》规定，非金融企业向金融企业借款的利息支出、金融企业的各项存款利息支出和同业拆借利息支出、企业经批准发行债券的利息支出准予扣除。对企业发生的向金融企业的借款利息支出，可按向金融企业实际支付的利息，符合费用化条件的，在发生年度的当期扣除；符合资本化条件的，通过折旧或摊销扣除。发生年度的界定，应该遵循权责发生制的原则，即使当年应付（由于资金紧张等原因）未付的利息，也应当在当年扣除，但要按规定取得合法有效凭证。对非金融企业在生产、经营期间向金融企业借款的利息支出，按照实际发生数予以税前扣除；因逾期归还银行贷款，银行按规定加收的罚息，也可以在税前扣除
	对于借款企业向银行支付的融资顾问费、理财顾问费、资金托管费、资金账户管理费等费用，如果对应的银行贷款与企业生产经营有关，企业发生的利息支出和合理的费用可以凭合法凭证进行税前扣除
	《财政部国家税务总局关于全面推开营业税改征增值税试点的通知》（财税〔2016〕36号）规定，纳税人接受贷款服务向贷款方支付的利息及与该笔贷款直接相关的投融资顾问费、手续费、咨询费等费用，其进项税额不得从销项税额中抵扣

2. 财务顾问费的税务成本节省

目前，银行出于内部指标考核等原因，逐渐趋向于将部分贷款利息分割作为"财务顾问费"，并单独开票。当前银行利用"财务顾问费"等名目提高贷款费用，已经成为潜规则。有的"财务顾问费"等手续费竟然占到了贷款费用的20%以上，有的甚至达到40%，这已远远高于央行规定的基准利率上浮的10%~20%比例。

例：企业为贷款支付财务费用税务处理。

表4-13 处理

事项	税务分析及处理	节省技巧
长江公司为建造一幢建设期为3年的厂房，2016年5月从银行专门借入款项5000万元，年利率6.6%，同时银行对此笔贷款提供财务顾问服务，收取财务顾问费300万元。请问：长江公司支付的这笔300万元的财务顾	①企业所得税：《国家税务总局关于企业所得税应纳税所得额若干税务处理问题公告》（国家税务总局公告2012年第15号）第二条规定："企业通过发行债券、取得贷款、吸收保户储金等方式融资而发生的合理的费用支出，符合资本化条件的，应计入相关资产成本；不符合资本化条件的，应作为财务费用，准予在企业所得税前据实扣除。符合资本化条件的融资性费用属于资本性支出，应当分期扣除或者计入有关资产成本，不得在发生当期直接扣除；不符合资本化条件的融资性费用属于收益性支出，在发生当期直接扣除。"考虑到厂房建造支出属于资本性支出，因此对归属于厂房建造的财务顾问费支出应予以资本化，应计入厂房的计税基础，通过计算折旧予以扣除。如果该笔款项是流动性经营性贷款，	①如贷款是用于资本性支付，则在利率标准不变的前提下，利息分成与财务顾问费对企业有利，因财务顾问费可以直接在税前一次性扣除，不用资本化，可以获得货币时间价值 ②如果贷款时支付的投融资顾问费、手续费、咨询费等费用不是向非金融机构本身或放款方本身支付的，而是支付给第三方独立的法人

续表

事项	税务分析及处理	节省技巧
问费该如何进行税务处理，是作为资本性支出计入建造的厂房成本，还是作为费用性支出从当期扣除？	则此笔费用可以费用化，计入当期损益②增值税：根据《财政部国家税务总局关于全面推开营业税改征增值税试点的通知》（财税〔2016〕36 号）规定，纳税人接受贷款服务向贷款方支付的与该笔贷款直接相关的投融资顾问费、手续费、咨询费等费用，其进项税额不得从销项税额中抵扣	机构，其获得的进项税额将可以从销项税额中抵扣，据此，作为融资人可以进行相应的税务筹划，获得部分增值税进项税额，来降低增值税税负

例： 房地产融资中成本节省。

表 4-14 节省技巧

事项	税务分析及处理	节省技巧
长江地产公司为开发某楼盘，2011 年 1 月从银行专门借入款项 5 亿元，年利率 6.9%，同时银行与长江地产公司签订协议，银行对此笔贷款提供财务顾问服务，收取财务顾问费 2500 万元。请问：长江公司支付的这笔 2500 万元的财务顾问费该如何进行税务处理？目前该楼盘已经进入到土地增值税清算期，能否据实扣除？	国税函 2010 年 220 号第三条对房地产开发费用的扣除问题规定：（一）财务费用中的利息支出，凡能够按转让房地产项目计算分摊并提供金融机构证明的，允许据实扣除，但最高不能超过按商业银行同类同期贷款利率计算的金额。其他房地产开发费用，在按照"取得土地使用权所支付的金额"与"房地产开发成本"金额之和的 5%以内计算扣除。（二）凡不能按转让房地产项目计算分摊利息支出或不能提供金融机构证明的，房地产开发费用在按"取得土地使用权所支付的金额"与"房地产开发成本"金额之和的 10%以内计算扣除。从此文件中可以看出，土地增值税清算中的财务费用扣除，仅限于利息，所以"财务顾问费"不能在计算土地增值税时扣除。对于个别地区，如深圳，则以"不能出具银行利息支付单"、"不属于贷款利息支出"等理由不让扣除，而"融资顾问费发票是提供贷款银行开出的服务业发票，服务内容主要为提供贷款安排、金融资讯及相关培训等"	房地产企业在融资时应尽可能将所有利息支出以利息形式表现出来，也可以将财务顾问费的金额折算成相对应的利息部分，这样可以获得土地增值税前据实扣除的优惠，当据实扣除金额大于按 5%扣除时，能最大程度上减少所缴纳土地增值税，降低土地增值税税负

3. 投资不到位时的融资费用的处理

表 4-15 融资费用的处理

事项	税务分析及处理	节省技巧
投资不到位是指公司注册资本不到位，是按工商管理登记规定的日期与金额应到位的资金而没有到位的部分例如：股东 A、B 于 2013 年 1 月 1 日共同出资成立乙公司，注册资本 1000 万元。股东 A、B 认缴出资分别为 500 万元，章程规定一次性缴足，结果 A 实际出资 500 万元，B 实际出资 200 万元，余额到 2016 年 1 月 1 日才缴足。因生产经营的需要，乙公司于 2013 年 6 月 1 日向银行 400 万元，年利率 6%，期限一年	（国税函〔2009〕312）规定，凡企业投资者在规定期限内未缴其应缴资本额的，该企业对外借款所发生的利息，相当于投资者实缴资本额与在规定期限内应缴资本额的差额应计付的利息，其不属于企业合理的支出，应由企业投资者负担，不得在计算企业应纳税所得额时扣除400 万元借款中，对应资本金未出资到位的 300 万元产生的利息 18 万元，不允许税前抵扣	先保证投资到位，然后再进行融资，不然发生的对应的融资成本只能在股东方进行扣除，作为融资方不能税前扣除

4. 购买不良债权包的税务处理

表4-16　税务处理

事项	税务分析及处理	节省技巧
大江地产开发公司于2014年1月向某银行贷款3亿元，年利率为7%，该银行要求大江地产公司以2000万元的价格购买其一个不良债权包，请问，对于此支出如何在税前扣除？	该地产公司购买债权包的支出不能认定为利息支出，只能作为一种投资行为，只有当其处置其不良债权包时才能确认收入或损失，在企业所得税前扣除	对于此类融资，购买的债权变现的可能性比较小，变现的值往往也比较低，最好的方法还是直接增加贷款利率，其次就是增加一部分财务顾问费这样发生的利息支出或财务顾问费就可以直接在企业所得税前扣除，从而降低企业所得税税负

5. 向境外银行融资的税务成本节省

表4-17　税务成本节省

事项	税务分析及处理	节省技巧
企业的境外融资类别包括：①企业国际股票融资②在其他国家发行国际债券③国际银行贷款④贸易融资	①履行代扣代缴义务：《中华人民共和国企业所得税法》（主席令2007年第63号）第三条第三款规定"非居民企业在中国境内未设立机构、场所的，或者虽设立机构、场所但取得的所得与其所设机构、场所没有实际联系的，应当就其来源于中国境内的所得缴纳企业所得税"②适用税率：《中华人民共和国所得税法》第四条"非居民企业取得本法第三条第三款规定的所得，适用税率为20%"。《中华人民共和国所得税法实施条例》第九十一条"非居民企业取得企业所得税法第二十七条第（五）项规定的所得，减按10%的税率征收企业所得税"如：中国内地与香港地区签有税收协定规定，香港居民无论是企业还是个人从内地取得的利息收入，均按7%税率在内地缴纳利息所得税；而与韩国所签订的安排虽然规定了利息的预提所得税税率为10%，但对于韩国银行、韩国产业银行、韩国进出口银行等为韩国行使政府职能的金融机构，其从我国取得利息，我国将免征利息预提所得税	对于国内融资来讲，向境外银行融资的利率本身低于国内银行，更低于其他金融机构

6. 委托贷款业务的税务成本节省

表4-18　委托贷款业务的税务成本节省

事项	税务分析及处理	节省技巧
大地地产公司向某商业银行贷款，因该银行信用额度用完，正好中申集团公司在该银行开户有存款，经银行从中沟通，中申集团公司决定将资金委托银行贷给大地地产公司，大地地产公司向银行支付利息，获得银行出具	①企业所得税扣除：对于该笔业务，委托银行转贷并非银行贷款，实质是企业之间的贷款。因此，该利息支出不超过金融机构同期同类贷款利息的部分，可以在企业所得税税前扣除②土地增值税扣除：对于能否在土地增值税前扣除，目前大部分税务机关不允许据实扣除，往往只允许按照开发成本之和的5%进行扣除	应该由集团公司将资金存入银行，银行再与地产公司形成贷款关系，而不是明显的三方关系。这样对于地产公司而言支付的利息支出可以在企业所得税与土地增值税前扣除，特别是土地增值税计算据

事项	税务分析及处理	节省技巧
的利息支付单据，银行在扣除一定的手续费之后将利息转给中申集团公司	③税务风险提示：如果该集团公司换成个人，在实务中税务机关往往要求银行代扣代缴个人所得税	实扣除的金额大于按5%计算扣除，优惠力度更加明显

7.合法税前扣除的票据处理

表4-19　票据处理

事项	税务分析及处理	节省技巧
大河地产公司向大诚投资公司借款1亿元，约定利息年化利率24%，按季度支付利息，借款合同中约定：大诚投资公司只负责开一个普通收据	①（国税发〔2008〕40号）规定：对于不符合规定的发票和其他凭证，包括虚假发票和非法代开发票，均不得用以税前扣除、出口退税、抵扣税款 ②（国税发〔2008〕80号）规定：在日常检查中发现纳税人使用不符合规定发票特别是没有填开付款方全称的发票，不得允许纳税人用于税前扣除、抵扣税款、出口退税和财务报销 ③（财税〔2016〕36号）规定：销售金融服务适用6%的税率缴纳增值税。金融服务是指经营金融保险的业务活动，包括贷款服务、直接收费金融服务、保险服务和金融商品转让。所称贷款服务，则是将资金贷予他人使用（包括各种占用、拆借资金）而取得利息收入的业务活动	在实务中，特别是民间借款业务中，往往有很多企业产生了利息支出，但不获得或无法获得任何有效在税前扣除的凭证，如发票等，不仅承担了利息成本，还增加了税务成本，导致企业所得税多缴。营改增之后用正规的增值税普通发票代替普通收据，则可以在企业所得税前扣除2400万元，可以节省企业所得税600万元

二、民间借款的税务成本节省

（一）关联方之间借款的税务成本节省

关联方之间借款与非关联方借款在税务管理中有不尽相同之处。

表4-20　关联方之间无偿借款的税务成本节省

定义	税务分析及处理	节省技巧
无偿借款是指企业与企业之间，企业与个人之间，个人与个人之间借款时只收取本金，不收取其他手续费及利息的行为	①关联企业间无偿借款将面临按照金融保险业补交增值税的风险 《税收征收管理法》第三十六条规定：企业或者外国企业在中国境内设立的从事生产、经营的机构、场所与其关联企业之间的业务往来，应当按照独立企业之间的业务往来收取或者支付价款、费用；不按照独立企业之间的业务往来收取或者支付价款、费用，而减少其应纳税的收入或者所得额的，税务机关有权进行合理调整 ②关联企业间无偿借款将面临补缴企业所得税的风险 税务机关要求企业补缴企业所得税的依据往往是征管法的第三十六条，但根据国家税务总局《特别纳税调整办法》的立法精神，对于国内企业之间的无偿借款不应调整企业所得税，因整体税负是平衡的（一方补缴，另一方有税前扣除，不影响整体税负）	关联方之间可以约定一个比较低的利率，收取一小部分利息，缴纳少量增值税。比让税务机关按市场价进行调整来征收增值税能节省很多

（二）高利率的税务成本节省

表 4-21　高利率的税务成本节省

定义	税务分析及处理	节省技巧
民间借贷，是指自然人、法人、其他组织之间及其相互之间，而非经金融监管部门批准设立的从事贷款业务的金融机构及其分支机构进行资金融通的行为 根据《最高人民法院关于人民法院审理借贷案件的若干意见》第六条的规定，民间借贷的利率可以适当高于银行的利率，各地人民法院可根据本地区的实际情况具体掌握，但最高不得超过银行同类贷款利率的四倍（包含利率本数）	①民间借贷的利息支出按金融企业的同期同类贷款利率执行 （国家税务总局 2011 年第 34 号公告）第一条规定：根据《实施条例》第三十八条规定，非金融企业向非金融企业借款的利息支出，不超过按照金融企业同期同类贷款利率计算的数额的部分，准予税前扣除 ②税法上金融机构的范围 银行业存款类金融机构：银行，城市信用合作社（含联社），农村信用合作社（含联社），农村资金互助社，财务公司 银行业非存款类金融机构：信托公司，金融资产管理公司，金融租赁公司，汽车金融公司，贷款公司，货币经纪公司 证券业金融机构：证券公司，证券投资基金管理公司，期货公司，投资咨询公司 保险业金融机构：财产保险公司，人身保险公司，再保险公司，保险资产管理公司，保险经纪公司	①在金融机构中如信托公司等，找到一笔贷款利率最高的作为参照，即可全额扣除，如找到一家金融机构的利率为 24%的，民间借款发生的利息支出在 24%之内则可以扣除 ②将高利率进行分解，变成财务顾问费及其他相关费用，这样一来降低了利率标准，符合税务规定，可在税前全额扣除

（三）统借统还的税务节省

统借统还业务主要有两种方式。

表 4-22　两种方式

方式	详细内容
方式一	企业集团或者企业集团中的核心企业向金融机构借款或对外发行债券取得资金后，将所借资金分拨给下属单位（包括独立核算单位和非独立核算单位），并向下属单位收取用于归还金融机构或债券购买方本息的业务
方式二	企业集团向金融机构借款或对外发行债券取得资金后，由集团所属财务公司与企业集团或者集团内下属单位签订统借统还贷款合同并分拨资金，并向企业集团或者集团内下属单位收取本息，再转付企业集团，由企业集团统一归还金融机构或债券购买方的业务

表 4-23　统借统还的税务节省

定义	税务分析及处理	节省技巧
统借统还是指"集团公司统一融资，所属企业申请使用"的资金管理模式，即集团公司统一向金融机构借款，所属企业按一定的程序申请使用，并按同期银行贷款利率将利息支付给集团公司，由集团公司统一与金融机构结算的资金集中管控模式	①（财税〔2016〕36 号）的附件 3 规定：统借统还业务中，企业集团或企业集团中的核心企业以及集团所属财务公司按不高于支付给金融机构的借款利率水平或者支付的债券票面利率水平，向企业集团或者集团内下属单位收取的利息免征增值税。统借方向资金使用单位收取的利息，高于支付给金融机构借款利率水平或者支付的债券票面利率水平的，应全额缴纳增值税 ②企业所得税：在统借统还业务中，实际使用款项的单位需要向统借方支付资金使用费，即借款利息。根据《企业所得税法实施条例》的规定，企业在生产经营活动中发生的合理的不需要资本化的借款费用，准予扣除。在性质的界定上，应为向金融企业的借款利息支出 ③土地增值税：（财法〔1995〕6 号）规定："财务费用中的利息支出，凡能够按转让房地产项目计算分摊并提供金融机构证明的，允许据实扣除，但最高不能超过按商业银行同类同期贷款利率计算的金额。"部分税务机关允许据实扣除。（青地税函〔2009〕47 号）以及安徽省黄山市地税局的《土地增值税清算业务有关问题释义》中均规定，"企业集团或其成员企业统一向金融机构借款分摊给集团内部其他成员企业使用，并且收取的利息不高于支付给金融机构的借款利率水平的，可以凭借入方出具金融机构借款的证明和集团内部分配使用决定，使用贷款的企业间合理分摊利息费用，据实扣除"	对于统借统贷，在税务上最为关键的是必须保持名义利率与实际利率一致，不能加价，如果需要加价，应将加价部分以管理费或手续费的形式收取，以免额外产生增值税负担。同时，对于地产公司而言，在总局税收政策不明确的情况下，则需要加强与税务机关的沟通，当据实扣除部分大于按 5% 计算扣除时，则力争做到据实扣除，获取土地增值税方面的最大收益 同时，在会计处理上也要进行相应的规范，做到会计处理与税务规定的统一 最后，集团借款方与实际资金使用方要完善相关的协议

在实务中，会看到大量操作不当的案例，导致补税大量存在。

表 4-24　操作不当的税务处理

事项	处理方式	税务分析及处理	节省技巧
神火企业集团为了解决下属企业融资困难，由集团公司统一向银行借款 2 亿元，发放给所属企业使用，并统一收取借款利息交给银行。银行借款年利率 5.58%	按照银行利率上浮 10% 向下属企业收取利息	根据现行相关税收政策以及税务实践，营改增后的统借统还业务免税需同时满足如下四个条件： 一是统借主体为集团公司或核心企业或集团内财务公司 二是资金来源于外部债型融资，包括银行借款或债券融资 三是统借方借出利率不得高于外部融资利率 四是统借方仍为集团或核心成员对下属企业借款，或者通过财务公司可以向集团或成员企业借款 企业集团内的企业之间均系关联企业，但并非所有关联企业就一定同属于一个企业集团。普通关联企业尤其是单纯母子公司与企业集团在形式上很容易混为一谈，两者的企业之间均以股权为纽带，或以股东身份投资另一企业，或母公司控股子公司，或同属一个母公司 因此，必须对资金借贷各方是否属于同一个企业集团进行审查，不能只以相互之间的股权关系来判别，更不能只看企业名称是否有"集团"二字，而应根据国家工商行政管理总局《企业集团登记管理暂行规定》（工商企字〔1998〕第 59 号）所规定的条件来判别	认定为转贷行为
	平价处理，不收取任何利息及手续费，即按银行借款年利率 5.58% 向实际使用资金的下属企业收取		认定为统借统还，可以免征增值税
	按照与银行相同的利率水平向借款的下属企业收取利息，同时按照银行同期利息的 10% 标准收取劳务费或手续费		认定为统借统还，可以免征增值税

统借统还政策存在的缺陷：多年来，统借统还严守集团、利率、统借方向等免税前置条件。但这些条件设置的理由和目的是什么并不明确，其存在如下三大缺陷。

表 4–25　三大缺陷

缺陷类别	详细内容
设置条件与"初衷"不符	（财税字〔2000〕7 号）设计的初衷是为中小企业解决融资困难，但企业集团并非小企业，企业集团是指以资本为主要联结纽带的母子公司为主体，以集团章程为共同行为规范，母公司、子公司、参股公司及其他成员企业或机构共同组成的具有一定规模的企业法人联合体 企业集团的设立条件具体参见：国家工商行政管理总局关于《企业集团登记管理暂行规定》
对"集团"的要求过高	"集团"这两个字，某种程度上代表企业的实力与信誉。但现在事实是，不少没有集团名号的企业，其规模、实力等都不小于很多集团公司，如华为技术有限公司。企业名称中是否有"集团"二字与企业实力、信誉无关。既然集团公司可以享受统借统还的免税政策，那为什么没有穿上集团"马甲"的母子公司，在符合其他相同条件下就不能给予免税待遇呢？显然，以集团名号作为统借统还的税收优惠条件，并不符合税理，也不符合实质重于形式原则
税务认定过于严格	A 公司与 B 公司以及 C 公司均为集团公司下属的公司，现在集团公司（注明：不符合国家工商行政总局的集团认定标准，没有在工商部门办理集团认定手续）安排 A 公司向工商银行贷款 3 亿元，自用 1 亿元，分别给 B 公司与 C 公司各 1 亿元，利息不加价，平进平出 分析：对于这种情况，能否认定为统借统还呢？在税务实践中，有的地方税务机关认为可以，有的则认为不行，执行不一 笔者认为此情况应符合统借统还的政策规定，不应征收增值税，不能加重企业的税收负担

案例延伸：

表 4–26　税务处理

事项	税务分析及处理
接上例，如果 A 公司贷款之后将资金给集团公司使用，没有利率差，是否符合统借贷政策免征增值税呢？	对于此类情况能否认定，在税务稽查实践中也是执行不一，笔者理解，总局出台政策的关键在于：一是集团内的企业之间的借款，应包括集团向银行借款之后转付给下属成员企业，也应该包括集团公司下属企业借款之后付给集团或成员内企业使用；二是资金来源于金融系统；三是不能有利率差，包括实际利率与名义利率一致。只要符合这三个条件，应认为符合统借统还政策

（四）员工融资的税务处理

表 4-27　员工融资的税务处理

定义	税务分析及处理	节省技巧
员工融资是指公司向企业内部员工借钱或员工入股的融资方式，它以员工对企业的发展前景和老板本人的充分信任为前提。如果操作得当，企业不仅可以迅速筹集到中长期资金，还可以对员工产生一定的激励作用	政策依据：企业所得税税前扣除部分 《关于企业向自然人借款的利息支出企业所得税税前扣除问题的通知》（国税函〔2009〕777 号）第一条：企业向股东或其他与企业有关联关系的自然人借款的利息支出，应根据《中华人民共和国企业所得税法》（以下简称《税法》）第四十六条及《财政部、国家税务总局关于企业关联方利息支出税前扣除标准有关税收政策问题的通知》（财税〔2008〕121 号）规定的条件，计算企业所得税扣除额。第二条：企业向除第一条规定以外的内部职工或其他人员借款的利息支出，其借款情况同时符合以下条件的，其利息支出在不超过按照金融企业同期同类贷款利率计算的数额的部分，根据《税法》第八条和《税法实施条例》第二十七条规定，准予扣除。①企业与个人之间的借贷是真实、合法、有效的，并且不具有非法集资目的或其他违反法律、法规的行为；②企业与个人之间签订了借款合同	①根据现行政策，个人获得利息的部分应缴纳增值税与个人所得税，对于企业而言，一是需要协助代缴个人所得税税款，二是需要在获得个人在税务机关代开的增值税普通发票，以免利息支出部分不能在企业所得税前扣除，增加企业所得税负担 ②如果支付给个人的利息过高，可以将利息分解成为两个部分，一是利息部分，二是奖金，对于奖金部分不需要缴纳增值税，只需要缴纳个人所得税，按工资薪金所得税目来处理

三、融资租赁的税务处理

（一）融资租赁的税务处理

表 4-28　融资租赁的税务处理

定义	税务分析及处理	节省技巧
融资租赁，是指出租人根据承租人对租赁物和供货人的选择或认可，将其从供货人处取得的租赁物按合同约定出租给承租人占有、使用，向承租人收取租金的交易活动。营改增全面试点后，融资租赁业务范围由有形动产扩展至不动产	（财税〔2016〕36 号）中的融资租赁仅指直租业务，无论是有形动产直租，还是不动产直租，均按"租赁服务"缴纳增值税。对于融资性售后回租业务，无论是有形动产回租，还是不动产回租，均按照"贷款服务"缴纳增值税	融资租赁业务的承租人取得的增值税专用发票可以作为扣税凭证抵扣销项税额。融资性售后回租业务，承租人支付的进项税额不得抵扣。实务中，由于融资性售后回租的进项税额不能抵扣，通常开具增值税普通发票

（二）非融资租赁企业从事的租赁业务的增值税处理

表4-29 增值税处理

事项	税务分析及处理
非融资租赁企业从事的租赁业务	不具有融资租赁经营资质的企业不得从事融资租赁业务，根据《国家税务总局关于融资租赁业务征收流转税问题的通知》（国税函〔2000〕514号）规定，对其他单位或个人开展的形式上类似融资租赁业务，不能执行按差额计算销售额、即征即退等政策，并按下列情形分别处理：①租赁期满，租赁标的物所有权转让给承租人的，出租人按销售货物或不动产计算缴纳增值税②租赁期满，租赁标的物所有权未转让给承租方的，出租人按经营租赁服务计算缴纳增值税

案例延伸：

表4-30 案例

事项		税务分析及处理	节省技巧
金诚地产开发有限公司为了解决资金的需要，向某金融租赁公司融资3亿元，金融租赁公司为了资金的安全，要求金诚地产公司以开发的已竣工的一栋办公楼作为抵押，具体要求办理过户手续，等金诚公司资金还清之后再将该不动产过户过金诚公司合同主要条款如下：①租赁标的物：金诚地产开发的写字楼，按金融租赁公司的要求，将属于金诚公司建成拥有的自持型房地产，由金融租赁公司从金诚公司处购买，缴纳相关税费后交付金诚公司使用，过户过程中缴纳的各项税费实际由金诚公司承担	企业所得税	《国家税务总局关于融资性售后回租业务中承租方出售资产行为有关税收问题的公告》（国家税务总局公告2010年第13号）规定："融资性售后回租业务中承租方出售资产时，资产所有权以及与资产所有权有关的全部报酬和风险并未完全转移。根据现行企业所得税法及有关收入确定规定，融资性售后回租业务中，承租人出售资产的行为，不确认为销售收入，对融资性租赁的资产，仍按承租人出售前原账面价值作为计税基础计提折旧。租赁期间，承租人支付的属于融资利息的部分，作为企业财务费用在税前扣除。"融资租赁公司属于金融企业（非银行金融机构），根据《企业所得税法实施条例》第三十八条规定，非金融企业向融资租赁公司支付的利息不受比例限制，据实扣除	在涉及不动产融资租赁时，最好的税务成本节省方法就是不动产不要过户，而采用抵押的方法进行处理，一旦过户则产生过重的契税、土地增值税等
	增值税	根据《营业税改征增值税试点有关事项的规定》（36号文件附件2），纳税人提供有形动产融资性售后回租服务，计算当期销售额时可以扣除的有形动产价款本金，为书面合同约定的当期应当收取的本金。无书面合同或者书面合同没有约定的，为当期实际收取的本金。融资性售后回租业务按"贷款服务"缴纳增值税，适用税率为6%	
	契税	产权发生变动，根据《契税暂行条例》的规定，需要缴纳契税《财政部、国家税务总局关于企业以售后回租方式进行融资等有关契税政策的通知》（财税〔2012〕82号）第一条规定，对金融租赁公司开展售后回租业务，承受承租人房屋、土地权属的，照章征税。对售后回租合同期满，承租人回购原房屋、土地权属的，免征契税房地产的融资租赁，实质上是出租人转移了与其房地产所有权有关的全部风险和报酬的租赁。由于在融资租赁期间房产的所有权仍属于出租方，还没有发生转移变动，因此，融资租赁期间的房产不交契税。但是如果在融资租赁期过后，租赁双方的房屋所有权发生转移，则承租方应按照规定缴纳契税	

续表

事项		税务分析及处理	节省技巧
②起租日：2016年6月1日 ③租赁期：2016年6月1日至2021年6月1日 ④租金支付方式：金诚公司每季末向融资租赁公司支付租金1125万元 ⑤租赁期满，金诚公司再支付1000万元，就可将该大楼过户至自身名下	土地增值税	根据融资租赁项目中租赁物产权可能进行两次交易的特点，两次转让均需按规定纳税。目前，在房地产开发环节，由于房地产开发企业成本核算的限制，各地税务部门一般对土地增值税进行预征，但是对二级市场的转让，则严格核算交易价格与房屋原价的差距，并以此为标准进行征收，如果融资租赁期结束后的第二次转让仍按实质交易的性质对待，必将极大增加承租人的交易成本 目前对于此种情况下的交易是否征收土地增值税，国家税务总局以及地方税务机关没有出台配套的政策，如根据实质重于形式的原则，该种交易实为一种融资业务，与企业资产证券化中设立载体进行融资的行为十分类似，不应征收土地增值税	
	印花税	在传统出租业中，出租人和承租人要签订《租赁合同》，按照合同金额的0.1%，双方要分别缴纳印花税。在融资租赁业务中，出租人与供货商签订《购买合同》，出租人与承租人签订《购买合同》以及《融资租赁合同》。《融资租赁合同》的双方当事人按照合同约定金额的万分之零点五缴纳印花税，《购买合同》的当事人按照合同金额的万分之三分别缴纳印花税	

四、转让融资税务成本节省

股权转让融资是企业出让企业的部分股权，以融到企业发展所需要的资金。对于非上市公司是以股权为标的，对于上市公司则是以股票为标的进行融资。

目前各类股权转让形式的税务征管趋于严厉，特别是个人股东转让股权中的税务征管更是严格。在企业股权融资过程中，因形式不同，涉税也不相同。

（一）股权转让

股权转让涉及法人股权转让与自然人股权转让。

1. 法人股权转让

例：B公司将持有的股权转让给第三方获得资金，这是一种融资行为。

表4-31 法人股权转让

事项	税务分析及处理		节省技巧
永辉地产公司成立于2014年2月，由B公司持股60%，C公司持股40%，2015年7月永辉公司获得了一宗土地。2016年5月，股东B无力再投入资金开发该项目，且自身名下还有另一家全资的地产公司，项目正在开发过程中，也急需融资，于是决定将其持有的永辉地产公司的30%股权作价1.2亿元转让给D公司，所获资金以借款的形式投入到其名下的地产公司的开发项目	企业所得税	根据《国家税务总局关于贯彻落实企业所得税法若干税收问题的通知》（国税函〔2010〕79号）规定"三、关于股权转让所得确认和计算企业转让股权收入，应于转让协议生效，且完成股权变更手续时，确认收入的实现。转让股权收入扣除为取得该股权所发生的成本后，为股权转让所得。企业在计算股权转让所得时，不得扣除被投资企业未分配利润等股东留存收益中按该项股权所可能分配的金额"	①在进行股权转让之前，对于被转让的标的公司，如果有未分配利润的，应先将未分配利润进行分配，然后再转让股权，因为利润进行分配时，对于投资收益不征收企业所得税，但是股权转让收入是需要征税的②股权转让合同要做顶层架构设计，律师对合同的撰写不仅要符合合同法等，还应符合相应的税法，架构设计务必清晰，让税务机关可以看懂，以免因税务机关看不懂而误解产生误判，从而导致税负的增加
	增值税	从目前《增值税暂行条例》及其实施细则、财税〔2016〕36号（《财政部、国家税务总局关于全面推开营业税改征增值税试点的通知》）等文件所规范的增值税征税范围看，股权转让不属于增值税征税范围。按照营改增之前的财税〔2002〕191号规定，对股权转让不征收营业税	
	印花税	一般企业之间股权转让缴纳印花税适用税率为万分之五。《国家税务局关于印花税若干具体问题的解释和规定的通知》（国税发〔1991〕155号）规定，"产权转移书据"税目中"财产所有权"转移书据的征税范围是：经政府管理机关登记注册的动产、不动产的所有权转移所立的书据，以及企业股权转让所立的书据	

2. 股权转让融资的特殊形式：股权转让后回购

借贷双方表面上签订股权转让及回购合同或股权受益权转让及回购合同，实质为一项融资业务。合同约定贷款人购入借款人的股权或股权收益权，按期收取固定费用，到期借款人再回购股权或股权收益权。

例：A公司为B公司的全资子公司。B公司和C公司签订《股权转让及回购合同》，约定由B公司将持有A公司股权的49%以500万元转让给C公司，三年期满后，B公司再以500万元的价格加12%的年化收益率回购C公司持有A公司的49%股权。C公司持股期间，不参与股权分红，不参与A公司的经营管理，到三年期满时从B公司取得固定收益。该合同实质是一种融资贷款行为。

具体涉税分析见信托业务融资章节。

3. 自然人股权转让

表 4-32 自然人股权转让

事项	税务分析及处理
自然人股权转让	自然人转让股权应按规定缴纳个人所得税 税法依据：国家税务总局公告 2014 年第 67 号文发布《股权转让所得个人所得税管理办法（试行）》（以下简称《办法》），自 2015 年 1 月 1 日起施行。《办法》中规定个人转让股权，以股权转让收入减除股权原值和合理费用后的余额为应纳税所得额，按"财产转让所得"缴纳 20% 个人所得税。合理费用是指股权转让时按照规定支付的有关税费。以股权转让方为纳税人，以受让方为扣缴义务人。《办法》中还规定了七类情形为股权转让行为：出售股权；公司回购股权；发行人首次公开发行新股时，被投资企业股东将其持有的股份以公开发行方式一并向投资者发售；股权被司法或行政机关强制过户；以股权对外投资或进行其他非货币性交易；以股权抵偿债务；其他股权转移行为。以上情形中，股权已经发生了实质上的转移，而且转让方也相应获取了报酬或免除了责任，因此都应当属于股权转让行为，个人取得所得应按规定缴纳个人所得税

例：甲投资成立了 A 公司，股本为 500 万元。乙准备收购 A 公司 100% 股权。此时 A 公司的评估值为 2000 万元。

解：收购方式有两种：

方式一：直接收购。

乙直接出资 2000 万元向甲购买股权。

甲确认股权转让所得 = 2000 - 500 = 1500（万元）

方式二：先增资再转让股权。

乙先向 A 公司投资 500 万元，取得 A 公司 50% 股权，此时 A 企业的价值升为 2500 万元（2000 + 500）；乙再出资 1250 万元向甲购买 50% 股权。

甲确认股权转让所得 = 1250 - 500 = 750（万元）

乙总出资额 = 500 + 1250 = 1750（万元）

同样是甲转让 A 公司 100% 股权给乙，采用方式二甲少确认股权转让所得 750 万元。

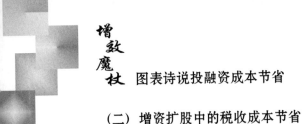

（二）增资扩股中的税收成本节省

表 4-33　增资扩股中的税收成本节省

定义	类别
增资扩股，是指企业向社会募集股份、发行股票、新股东投资入股或原股东增加投资扩大股权，从而增加企业的资本金的行为增资扩股融资可以划分为溢价扩股、平价扩股、折价扩股三种形式	公司原股东增加出资： 公司股东可以依据《中华人民共和国公司法》第二十七条的规定，将货币或者其他非货币财产作价投入公司，直接增加公司的注册资本。需要注意的是，作为出资的非货币财产应当评估作价，核实财产，不得高估或者低估作价；作为出资的货币应当存入公司所设银行账户，作为出资的非货币财产应当依法办理其财产权的转移手续（详见《中华人民共和国公司法》第二十八条） 此种方式下的增资行为因不改变股权比例，没有发生股权转让行为，所以只需缴纳印花税
	新股东投资入股 增资扩股时，战略投资者可以通过投资入股的方式成为公司的新股东。新股东投资入股的价格，一般根据公司净资产与注册资本之比确定，溢价部分应当计入资本公积。另，依据《中华人民共和国公司法》第一百六十二条之规定，上市公司发行的可转换债券可转换为公司注册资本，转换后公司注册资本增加，债券持有人身份从公司债权人转换为公司股东

1. "平价增资"的税务处理

例：自然人 C 投资 100 万元成立 B 公司（即 B 公司的注册资本为 100 万元），持有 B 公司 100%的股权，截至 2013 年 12 月 31 日，B 公司的净资产账面价值为 500 万元，公允价值为 800 万元。为了扩大经营，C 计划引入新的战略投资者 A 个人进行增资扩股，增加注册资本。双方签订的增资协议如下：A 投入 200 万元现金参股，A 在 B 公司所占的股权比例按照 A 投入的资金占增资后的 B 公司净资产公允价值的比例确定，即 A 占 B 公司的股权比例为 20% [200/(200+800)]。请分析该增资扩股业务的财税处理。

解：B 公司的会计处理：

假定 A 投入的 200 万元在 B 公司体现的实收资本为 a，则：a/(a + 100) = 20%，解得：a = 25（万元），因此，B 公司的账务处理如下（单位为万元）：

借：银行存款　　　　　　　　　　200
　　贷：实收资本——A　　　　　　　　25
　　　　资本公积——资本溢价　　　　175

涉税处理分析：

增资后，B 公司的净资产为 1000 万元，其中，C 拥有 B 公司的净资产或权益为 800 万元（1000×80%），与增资之前 B 公司净资产的公允价值 800 万元是相等的；A 拥有 B 公司的净资产或权益为 200 万元（1000×20%），与增资时投入 B

公司的资金 200 万元是相等的。这就是所谓的"平价增资"行为。

本案例中，增资前，B 公司的原股东自然人 C 将其实际占有 B 公司净资产公允价值的部分 160 万元（800×20%）转移给了新投资者自然人 A 的同时，享有新投资者自然人 A 投入资金 200 万中的 160 万元（200×80%），即 B 公司原股东自然人 C 因为增资扩股并没有获得额外的利益或所得，没有产生纳税义务。同样自然人投资者 A 和被投资企业 B 公司也没有产生纳税义务。

2."折价增资"的税务处理

"折价增资"是指新投资者投入被投资企业的资金，小于新投资者在被投资企业所占的投资比例，乘以接受新投资者投资后的，被投资企业的净资产公允价值，或者说，被投资企业的旧投资者在接受新投资者投资后的被投资企业所占的投资比例，乘以接受新投资者投资后的，被投资企业的净资产公允价值小于新投资者投资前的被投资企业的净资产公允价值。

例： 自然人 C 投资 100 万元成立 B 公司（即 B 公司的注册资本为 100 万元），持有 B 公司 100%的股权，截至 2013 年 12 月 31 日，B 公司的净资产账面价值为 500 万元，公允价值为 800 万元。为了扩大经营，C 计划引入新的战略投资者 A 个人进行增资扩股，增加注册资本。双方签订的增资协议如下：A 以 100 万元资金参股，占 B 公司 20%的股权比例。

解： B 公司的会计处理：

假定 A 投入的 100 万元在 B 公司体现的实收资本为 a，则：$a/(a+100)=20\%$，解得：$a=25$（万元），因此，B 公司的账务处理如下（单位为万元）：

借：银行存款   100
    贷：实收资本——A   25
        资本公积——资本溢价   75

涉税处理分析：

增资后，B 公司的净资产为 900 万元，其中，C 拥有 B 公司的净资产或权益为 720 万元（900×80%），比增资前 B 公司净资产的公允价值 800 万元少 80 万元；A 拥有 B 公司的净资产或权益为 180 万元（900×20%），比增资时投入 B 公司的资金 100 万元多 80 万元。这就是所谓的"折价增资"行为。

本案例中，增资前，B 公司的原股东自然人 C 将其实际占有 B 公司净资产公允价值的部分 160 万元（800×20%）转移给了新投资者自然人 A 的同时，享有新投资者自然人 A 投入资金 100 万中的 80 万元（100×80%），即 B 公司原股东自然人 C 因为增资扩股将其原拥有的 B 公司净资产公允价值的 80 万元转移给了 A

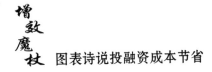

个人（900×20%–100），增资后，C 拥有 B 公司净资产公允价值的 720 万元（900×80%），比增资之前的权益少了 80 万元；A 拥有 B 公司净资产公允价值的 180 万元（900×20%），比增资时投入的 100 万元资金多了 80 万元。

对于 B 公司而言，其净资产的公允价值是 900 万元（增资前净资产公允价值 800 万元+增资的 100 万元），注册资本为 125 万元（其中自然人股东 C 的权益资本为 100 万元，自然人投资者 A 的权益资本为 25 万元）。这就意味着 B 公司自然人投资者 A 少付出 80 万元获得 B 公司 20% 的股权，而投资者 A 少付出的 80 万元是 B 公司原自然人股东 C 买的单。这涉及 A 要不要缴纳个人所得税的问题，目前有两派意见，一派征收，另一派不征收，在实务中，税务机关基本上没有征收个人所得税，但后期再发生股权转让时再以收入减掉历史成本征收个人所得税。

3．"溢价增资"的税务处理

"溢价增资"后的被投资企业以后发生股权转让时，计算股权转让所得的历史基础是不变的，而且股权转让价格是以后发生股权转让时点的公允价，不会发生国家税收流失问题，到目前为止，因"溢价增资"后的被投资企业的旧股东拥有的净资产溢价没有征税的法律依据，不征收所得税。

总之，在现有的税收政策下，企业采取增资扩股的方式来融资往往比单纯的转让股权来融资的方式省的税多，因为企业发生增资扩股的环节，无论怎样增资，只要没有发生资本溢价转增资本的情况，都不发生征税义务。

五、信托融资

由于信托业务的具体形式多种多样，其税务问题应根据实际业务进行处理。我国目前尚未颁布专门针对信托业务税务问题的法律、法规，因此只能立足实际业务流程，依据税法的有关规定进行操作。信托业务涉及的主体较多，重点需要明确各种税的纳税义务人。

深入地了解信托业务，对于企业融资十分重要，对于融资方而言，在支付信托利息的时候，如何获得符合税前抵扣的凭证以及是否有代扣代缴的税务义务，是融资企业必须关注的问题。

（一）信托行业的营改增政策

按照 36 号文规定，从 2016 年 5 月 1 日起，在全国范围内全面推开营业税改征增值税试点，信托公司的税制框架也随之从以所得税和营业税为主体向以所得税和增值税为主体转变。

从税率来看，按照《营业税改征增值税试点实施办法》（以下简称《实施办法》），提供交通运输、邮政、基础电信、建筑、不动产租赁服务，销售不动产，转让土地使用权，税率为11%；提供有形动产租赁服务，税率为17%；境内单位和个人发生的跨境应税行为，税率为零；除上述情形以外，增值税税率为6%。营改增后，信托公司所面对的具体税种及税率如表4-34所示。

表4-34 税种及税率

税种	税率（%）	法律依据
企业所得税	25	《企业所得税法》及其《企业所得税法实施条例》
增值税	6	《营业税改征增值税试点实施办法》
印花税（借款合同）	0.05	《印花税暂行条例》
附加费		
城建税	7	《城市维护建设税暂行条例》
教育费附加（地方）	3（1.5）	《征收教育费附加的暂行规定》

从纳税主体看，按照《实施办法》规定，增值税纳税人是指在中华人民共和国境内销售服务、无形资产或者不动产的单位和个人。其中，单位是指企业、行政单位、事业单位、军事单位、社会团体及其他单位；个人是指个体工商户和其他个人。这意味着，在增值税时代，信托计划仍不作为增值税的纳税主体。

从计税方法来看，信托公司营改增前后计税方法存在较大的差别，如表4-35所示。

表4-35 计税办法

科目	营业税计税办法	增值税计税办法
贷款利息收入	征收	销项
手续费及佣金收入	征收	销项
金融商品转让	差额征收	销项（差额征收）
手续费及佣金支出		进项（贷款相关不得抵扣）

信托公司属于一般纳税人，适用于一般计税方法计税。按照《实施办法》规定，一般计税方法的应纳税额，是指当期销项税额抵扣当期进项税额后的余额。其中，销项税额是指纳税人发生应税行为按照销售额和增值税税率计算并收取的增值税额。而销项税额中的销售额包括信托公司以提供贷款服务取得的全部利息及利息性质的收入，以提供直接收费金融服务收取的手续费、佣金、酬金、管理费、服务费、经手费、开户费、过户费、结算费、转托管费等各类费用，以及在金融商品转让中按照卖出价扣除买入价后的余额。同时，《实施办法》规定金融

商品转让不得开具增值税专用发票。

从纳税及扣缴义务发生时间、纳税地点和纳税期来看，针对信托公司的特点，按照《实施办法》规定，增值税纳税义务、扣缴义务发生时间为纳税人发生应税行为并收讫销售款项或者取得索取销售款项凭据的当天，先开具发票的，为开具发票的当天；提供租赁服务采取预收款方式的，其纳税义务发生时间为收到预收款的当天；从事金融商品转让的，为金融商品所有权转移的当天。信托公司应当向其机构所在地或者居住地主管税务机关申报纳税。总公司和分支机构不在同一县（市）的，应当分别向各自所在地的主管税务机关申报纳税；经财政部和国家税务总局或者其授权的财政和税务机关批准，可以由总公司汇总向总公司所在地的主管税务机关申报纳税。此外，信托公司适用于以 1 个季度为纳税期限的规定，需自期满之日起 15 日内申报纳税。

（二）信托制私募股权基金的税收环境

1. 信托制私募股权基金的税收环境

表 4-36　税收环境

收入类型	流转税（增值税）	所得税（企业所得税或个人所得税）
受托公司取得的信托报酬	征收增值税及附加	受托公司按照所得缴纳 25% 的企业所得税
受益人取得的信托收益	不征收增值税（不属于增值税范围）	对受益人为单位的，征收（缴纳）25% 的企业所得税。对受益人为个人的，按其他所得缴纳 20% 的个人所得税

2. 信托制私募股权基金受益人税收

表 4-37　受益人税收

类别	所得税			增值税	
投资者（受益人）	基金取得的股息、红利收入，债券的利息收入，储蓄存款利息收入	申购、赎回基金单位取得的差价收入	从基金分配中取得的收入	从基金分配中取得的收入	申购、赎回基金单位取得的差价收入
自然人	由上市公司、发行债券的企业和银行在向基金支付上述收入时代扣代缴 20% 的个人所得税	在对个人买卖股票的差价收入未恢复征收个人所得税以前，暂不征收个人所得税	暂不征收个人所得税	不缴纳增值税，不属于增值税征税范围	暂免征收增值税
法人	股息红利收入免征企业所得税；利息收入应并入企业的应纳税所得额，征收企业所得税	应并入企业的应纳税所得额，征收企业所得税	暂不征收企业所得税	不缴纳增值税，不属于增值税征税范围	按卖出减去买入的差价征收增值税

（三）真融资假股权的融资业务成本节省

表4-38　成本节省

事项	分析	税务处理	节省技巧
A公司为B公司的全资地产开发子公司。B公司和C信托公司签订《股权转让及回购合同》，约定由B公司将持有A公司股权的90%以5亿元转让给C公司，三年期满后，B公司再以5亿元的价格加12%的年化收益率回购C公司持有A公司的90%股权。C公司持股期间，不参与股权分红，不参与A公司的经营管理，到三年期满时从B公司取得固定收益。该合同实质是A公司的一种融资行为	基于房地产项目融资难的特点，近年来在房地产行业中出现了一种新型融资方式——"假股权真债权"，即信托公司或其他投资公司以股权投资形式入股房地产项目公司，约定持股期间的固定投资收益比例，一定期间以后再由项目公司或其股东回购信托公司持有的股份，虽然名义上是股权投资，但实际上双方为债权债务关系。目前对于企业以投资方式注入资金但收取固定收益的税务处理存在争议 上述C信托公司，名义上是股权投资，实质是提供融资服务，即"假股权真债权"，表面上其属于国家税务总局公告2013年第41号公告规定的混合性投资业务中的"债权投资"，若按41号公告操作，则以其固定收益作为利息，按"金融保险业"缴纳营业税 但事实上，上述案例并不完全符合国家税务总局公告2013年第41号混合性投资业务的条件，混合性投资业务的条件之一是"被投资企业需要赎回投资或偿还本金"，而案例中是由A公司赎回投资，并不是B项目公司，并不能直接依据41号文的公告处理	青岛：有期限的股权投资 青地税发〔2012〕48号文第六条明确房地产企业与房地产信托基金签订投资合同，约定房地产信托基金进入和退出房地产企业的时间以及房地产企业在房地产信托基金按约定退出时的股权收购价格，其实质为一种有期限的股权投资，房地产企业以利息等名义支付给房地产信托基金作为支付股息在税后分配处理 若案例中的投资行为被视为股权融资，B公司支付给C公司的固定收益作为支付股息在税后分配处理，而C公司在持有股权期间取得的投资收益属于免税收入，不需要缴纳企业所得税，也不涉及缴纳流转税 四川：属于贷款业务 川地税发〔2010〕49号文第四条规定，银行、信托投资公司或企业等单位以投资的名义注入资金，名义上"共担风险"，而实际上收取了固定资金占用费或利润，属于贷款业务，按"金融保险业"征收营业税 若案例中的投资行为被视为债权融资，即属于贷款业务，C公司在持有股权期间取得的固定收益相当于利息，需要按"金融保险业"缴纳营业税。另外，C公司取得的固定收益应并入应纳税所得额缴纳企业所得税，而B公司支付不超过按照金融企业同期同类贷款利率计算数额的部分，可以税前扣除	①对实质为"假股权真债权"但又不符合国家税务总局公告2013年第41号公告的规定条件的情形，各地的税务处理可能不同（青岛按股权、四川按债权），企业并不能直接按41号公告进行处理 需要注意的是，若处理不当，将导致高额的税务成本，加强与税务机关的沟通十分必要，在融资时把相关合同签订好是关键 ②应获得发票 鉴于信托公司营改增之后已属于增值税纳税主体，融资方应要求信托公司开具合规的统一的增值税普通发票，以免利息成本不能在税前扣除

六、向基金公司融资

在向基金公司融资之前，先了解基金公司纳税情况，因公司类型众多，其类型不同，纳税也不一样，对于基金公司而言，税务成本越高，往往收取的利息也越高，选择不同类型的基金公司融资对融资方有重要意义。

图表诗说投融资成本节省

（一）公司制基金的税收政策

公司制基金，公司作为法人主体，基金公司必须先缴纳企业所得税后再向股东分配利润，先税后分的纳税方式使其存在"双重征税"的问题。根据《企业所得税法》，公司制私募基金因证券交易或者股权交易所得收入，应按照"转让财产收入"、"利息收入"计算企业所得税，税率为25%；另外对于公司制基金的自然人投资者，根据《个人所得税法》及实施条例，还要按"财产转让所得"或者"利息、股息、红利所得"缴纳个人所得税，税率为20%。

公司制基金在税收管理上比合伙制基金简单得多，便于税务机关征管，但因双重纳税，更多企业往往选择合伙制基金。

表 4-39　公司制私募股权基金的税收环境

收入类型	流转税（增值税）	所得税（企业所得税或个人所得税）
从被投资企业取得的股息红利	对取得的股息红利不征收增值税（不属于增值税征税范围）	基金公司对分回的股息红利免税，基金公司背后的法人股东不征收企业所得税。但基金公司背后的自然人取得的股息红利代扣代缴20%的个人所得税
从被投资企业取得的利息	征收增值税及附加	基金公司按所得征收25%的企业所得税 ——如果将该利息收入继续以利息名义分给自然人投资人，则需代扣代缴增值税和20%的个人所得税 ——如果将该利息收入以股息名义分给自然人投资人，则只需代扣代缴20%的个人所得税
转让被投资企业（为非上市公司）的股权收入	不征收增值税	按所得征收25%的企业所得税 ——基金公司背后的自然人取得的股息红利代扣代缴20%的个人所得税
转让被投资企业（上市公司）股权收入	免征增值税	按所得征收25%的企业所得税 ——基金公司背后的自然人投资人取得的股息红利需代扣代缴20%的个人所得税
特别优惠		投资于未上市的中小高新技术企业2年以上的，在满2年的当年可以按照投资额的70%抵扣应纳税所得额

（二）有限合伙制基金的税收政策

有限合伙制基金，采取有限合伙制形式设立，设立程序简单，税收可穿透，无代理风险。在税收制度上，有限合伙制基金本身并不具有法人地位，不作为纳税主体，采取"先分后税"的形式，由合伙人分别缴纳个人所得税或企业所得税。主要适用的法律文件是《合伙企业法》。

96

1. 合伙制私募股权基金的税收环境

表4-40　合伙制私募股权基金的税收环境

收入类型	流转税（增值税）	所得税（企业所得税或个人所得税）
从被投资企业取得的股息红利	不征收增值税	不征收企业所得税 为投资人分配时： ——对基金投资人（法人）不征收企业所得税，但对基金投资人（自然人）则按5%~35%的税率征收个人所得税 ——根据《国税函〔2001〕84号》第二条的规定，个人独资企业和合伙企业对外投资分回的利息或者股息、红利，不并入企业的收入，而应单独作为投资者个人取得的利息、股息、红利所得，按"利息、股息、红利所得"应税项目计算缴纳个人所得税
转让被投资企业（为非上市公司）的股权收入		
利息和上市公司的股权转让收入	对利息征收增值税、对股票转让差价收入免征增值税	

2. 各地合伙制私募股权基金税收政策

表4-41　税收政策

地区	各地合伙制私募股权基金税收政策
北京	①执行合伙事务的合伙人与有限合伙人都执行的个人所得税（天津同） ②有限合伙制创业投资企业的法人合伙人，可按照对未上市中小高新技术企业投资额的70%，抵扣其从该有限合伙制创业投资企业分得的应纳税所得额，并可在以后年度结转 ③普通合伙人某些符合相关条件的行为可不征收增值税；符合条件的企业自获利年度起，可按其所缴企业所得税区县实得部分获得两年全额奖励，后三年减半奖励 ④市政府给予股权基金或管理企业有关人员的奖励，依法免征个人所得税
天津	①自然人有限合伙人，按照"利息、股息、红利所得"或"财产转让所得"项目征收个人所得税，税率适用207；自然人普通合伙人，既执行合伙业务又为基金的出资人的，取得的所得能划分清楚时，对其中的投资收益或股权转让收益部分，税率适用20% ②基金管理机构自缴纳第一笔营业税之日起，营业税地方分享部分两免三减半（原政策，营改增之后有待明确） ③基金管理机构自获利年度起，企业所得税地方分享部分两免三减半 ④基金管理机构购建新的自用办公房产免征契税，并免征房产税3年 ⑤基金管理机构连续聘用两年以上的高级管理人员在本市区域内第一次购买商品房、汽车或参加专业培训的，由财政部门按其缴纳的个人所得税地方分享部分给予奖励，累计最高奖励限额为购买商品房、汽车或参加专业培训实际支付的金额，奖励期限不超过5年 ⑥股权投资基金投资于本市的企业或项目，由财政部门按项目退出或获得部分的60%给予奖励
上海	以合伙形式设立的投资企业和股权投资管理企业的生产经营所得及其他所得，按照国家有关税收规定，由合伙人作为纳税人，按照"先分后税"原则，分别缴纳所得税
重庆	①自然人普通合伙人适用5%~35%的五级超额累进税率，有限合伙按20%缴纳个税 ②股权投资类企业取得的非上市公司的权益性投资收益和权益转让收益，以及合伙人转让非上市公司股权的，不征收增值税 ③在合伙制股权投资类企业出资1000万元以上的出资者，其股权投资所得缴纳的税收市级留存部分，由市财政按40%给予奖励；所投资项目位于重庆市内的，按60%给予奖励
新疆	自然人合伙人征收20%个税；合伙制基金按财政贡献的50%给予奖励

续表

地区	各地合伙制私募股权基金税收政策
深圳	①执行有限合伙企业合伙事务的自然人普通合伙人，按照"个体工商户的生产经营所得"项目，适用5%~35%的五级超额累进税率计征个人所得税 ②不执行有限合伙企业合伙事务的自然人有限合伙人，其从有限合伙企业取得的股权投资收益，按照"利息、股息、红利所得"项目，按20%的比例税率计征个人所得税 ③合伙制股权投资基金从被投资企业获得的股息、红利等投资性收益，属于已缴纳企业所得税的税后收益，该收益可按照合伙协议约定直接分配给法人合伙人，其企业所得税按有关政策执行 ④合伙制股权投资基金的普通合伙人，以无形资产、不动产投资入股，参与接受投资方利润分配，共同承担投资风险的行为，不征收营业税；股权转让不征收营业税 ⑤股权投资基金、股权投资基金管理企业采取股权投资方式投资于未上市中小高新技术企业2年以上（含2年），凡符合规定条件的，可按其对中小高新技术企业投资额的70%抵扣企业的应纳税所得额
苏州	按投资额的70%抵扣从该创业投资企业分得的应纳税所得额，可合并计算可结转以后年度抵扣

3. 国家税务总局与各地区对有限合伙制私募股权基金自然人合伙人所得税政策比较

表4-42 所得税政策

	合伙企业"利息、股息、红利所得"		转让被投资企业股权的收益		管理费、咨询费、服务费等
	普通合伙	有限合伙	普通合伙	有限合伙	普通合伙
国家税务总局	按照"利息、股息、红利所得"项目计征，税率20%		比照个体工商户生产经营所得项目，按照5%~35%的五级超额累进税率计征		
上海	同上				
北京、天津	按照"利息、股息、红利所得"项目计征，税率20%		按照"财产转让所得"项目计征，税率20%		普通合伙人的管理分红未做特别约定
深圳、重庆、新疆	比照个体工商户生产经营所得项目，按照5%~35%的五级超额累进税率计征	按照"利息、股息、红利所得"项目计征，税率20%	比照个体工商户生产经营所得项目，按照5%~35%的五级超额累进税率计征	按照"利息、股息、红利所得"项目计征，税率20%	比照个体工商户生产经营所得项目，按照5%~35%的五级超额累进税率计征

七、向其他金融机构融资

（一）向小额贷款公司融资过程中的问题

小额贷款公司是以经营小额贷款，开展小企业发展、管理、财务、投资、经济信息、商务等咨询业务的金融服务公司。秉承"小额速贷、有偿使用、持续发展"的基本策略，遵循"安全性、流动性、效益性"的经营原则。

企业向小额贷款公司融资时首先要考虑的问题就是其是否属于金融机构，因为企业向金融机构（金融企业）融资与向非金融机构（金融企业）融资时的税务处理有相当大的差异。

《中国人民银行关于印发〈金融机构编码规范〉的通知》（银发〔2009〕363号）已经将小额贷款公司纳入金融机构监管范围："3.32 小额贷款公司是由自然人、企业法人或其他社会组织依法设立，不吸收公众存款，经营小额贷款业务的有限责任公司或股份有限公司。"

根据上述规定，企业向小额贷款公司借款时发生的利息支出在取得合法有效的增值税普通发票的前提下可以据实扣除。

例： A 公司向小额贷款公司借款。

表 4-43　A 公司借款税务处理

事项	税务处理
A 公司向某小额贷款公司借款 500 万元，年利率 15%，期限两年，支付利息时，收到的是小额贷款公司依照商业银行利息单形式开具的凭据，未开具税务局统一印制的发票，是否可税前扣除呢？	营改增之前，小额贷款公司按金融保险业缴纳营业税，营改增之后，则缴纳增值税，企业所得税前可以扣除的成本费用通常都应该取得法定的扣除凭证，小额贷款公司收取利息应开具发票，仿照商业银行利息单形式开具的凭据不得作为利息支出方的税前扣除凭证。对融资的企业来讲，发生了利息支出如不能取得合法有效的税前扣除凭证，则利息支出不能税前扣除，就会增加企业所得税负担，对于房产地开发企业而言，则有可能进一步增加土地增值税负担

（二）向典当行融资的税务成本节省

典当行是否属于金融机构？典当行与小额贷款公司看上去有点相同，实则差别很大。

小额贷款公司只要是央行批准，在当地工商部门注册就可以了，监管单位不是很明确，并且还没有具体的监管措施。而典当行业作为一种特种行业，是由商务部门和公安系统共同管理，入市和监管都比较严。

典当行的行业定位也即当前典当行的法律地位，是业界和典当行比较关切的问题之一，也是分析典当行是否属于金融企业、适用什么税收政策的关键所在。目前，有人认为典当行是金融机构，有人认为典当行是特殊的工商企业，有人认为典当行是金融企业，还有人认为典当行是服务业，等等。典当行究竟应定位为何种行业呢？以下对国家相关政策规定加以梳理，分析典当行的变迁，确定典当行所属行业。

表 4-44 政策（一）

时间	相关政策
1996 年 4 月 3 日	中国人民银行下发了《关于下发〈典当行管理暂行办法〉的通知》（银发［1996］119号），并颁布了《典当行管理暂行办法》，《典当行管理暂行办法》第三条规定：典当行是以实物占有权转移形式为非国有中、小企业和个人提供临时性质押贷款的特殊金融企业。根据银发［1996］119 号文件内容可以看出，当时典当行具有经中国人民银行总行核准，由中国人民银行省、自治区、直辖市、计划单列市分行颁发的《金融机构营业许可证》，此时期典当行既是非银行金融机构，又是特殊金融企业
2000 年 6 月 23 日	中国人民银行、原国家经贸委联合下发了《关于典当行业监管职责交接的通知》（银发［2000］205 号，以下简称《通知》），《通知》称"为适应我国经济和金融改革发展的需要，规范典当行的管理，经国务院同意，决定对典当行监管体制进行改革，取消典当行金融机构的资格，将原由人民银行监管的典当行业作为一类特殊的工商企业，交由国家经贸委统一归口管理"
2001 年 8 月 8 日	原国家经贸委根据典当发展的情况，制定并颁布了《典当行管理办法》（国家经贸委令第 22 号）
2003 年	国务院机构改革后，典当行的监管划归商务部负责
2005 年 2 月 9 日	商务部公安部联合颁布了现行的《典当管理办法》

　　根据前述通知和规定可知，典当行移交给原国家经贸委以后，典当行被取消了金融机构的资格，之后的《典当行管理办法》和《典当管理办法》均将典当行称为"专门从事典当活动的企业法人"，没有延续《典当行管理暂行办法》中的"特殊金融企业"称谓。因此，此时的典当行根据"交接通知"内容属于"特殊的工商企业"。

表 4-45 政策（二）

时间	相关政策
2002 年 9 月 12 日	国家统计局下发的《关于贯彻执行新〈国民经济行业分类〉国家标准（GB/T4754–2002）的通知》（国统字［2002］044 号）及其颁布的《国民经济行业分类》（GB/T4754–2002），明确将"典当"分类在 J 门类（金融业）、71 大类（其他金融活动）、715 中类和 7150 小类（典当），对该类的说明是"指以实物质押的放款活动"
2011 年 8 月 16 日	国家统计局颁布的《关于执行新国民经济行业分类国家标准的通知》（国统字〔2011〕69 号），进一步将"典当"分类在 J 门类（金融业）、66 大类（货币金融服务）、663 中类（非货币银行服务）、6633 小类（典当），对该类的说明是"指以实物、财产权利质押或抵押的放款活动"

　　至此对于典当行的行业定位分析已很明确，不论是新版还是旧版《国民经济行业分类》，一致将典当分类为金融业。既然典当属于金融业，那么从事典当行业务的特殊工商企业典当行必然属于金融企业。

　　综上所述，对于当前典当行的行业定位可以得出以下肯定结论：第一，典当行属于特殊的工商企业；第二，典当行不属于金融机构，属于金融企业。

典当行不属于金融机构而属于金融企业，需要对二者进行区分。金融机构和金融企业是两个相互交叉的概念。在我国，具有《金融机构法人许可证》的实体组织才属于金融机构，不具有《金融机构法人许可证》而从事金融行业的实体组织只能属于金融企业。金融机构的外延较窄，政策要求比较严格，金融企业的外延相对宽泛。两者之间的关系是，属于金融机构的不一定是金融企业，属于金融企业的不一定是金融机构。比如：中国人民银行是金融机构，但是它不是金融企业而是国家行政机关；各类商业银行既是金融机构也是金融企业；典当行和小额贷款公司应该属于金融企业，但不是金融机构。

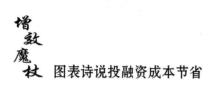

图表诗说投融资成本节省

读书笔记

第五章　融资综合成本节省

★ **内容提要**：
单项节约容易盘，
综合测算挺为难。
开通思路谋新域，
本降效增简上谈。

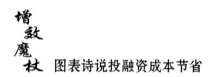

本书的第三章和第四章分别偏于融资利息、融资费用和融资税金的单项成本节省的研究，而本章是在前两章的基础上，将其综合起来，研究融资综合成本的节省。

第一节　基于战略的融资综合成本节省考量

企业在不同的经济周期，不同的生命周期，不同的领导人下，对于企业战略有不同的布局，表现在融资综合成本上有不同的思考。

一、风险可控下的融资综合成本考量

表 5-1　风险可控下的融资综合成本考量

	错配		正配	
	特征	成本	特征	成本
期限	资金来源短期化，资金运用长期化	成本低但风险大	来源与运用比例恰当	合理
	资金来源未与生产周期匹配		资金来源与生产周期匹配	
	现金流出时间早于流入时间		现金流入、流出衔接	
币种	收入是本币，债务是外币	换汇成本大，扩大风险	收入是本币，债务是本币	换汇成本低
	收入是外币，债务是本币		收入（债务）有外币，但比例合适	
结构	权益资本过于大于债务	低或高	权益与债务比例符合企业战略及行业特点	正常
	债务资本过于大于权益			
资产	固定资产投资过大，流动资产过小	中偏高	固定资产与流动资产比例合适	正常
	资产向低效项目投资过大，资产向高效项目投资过小		划定资产投向项目的底线	

二、股东回报下的融资综合成本考量

表 5-2　股东回报下的融资综合成本考量

	特征	结果	成本
股本小，债务高	财务杠杆作用大	股东回报高	低
股本大，债务低	财务杠杆作用小	股东回报低	高

三、利润总额下的融资综合成本考量

表 5-3　利润总额下的融资综合成本考量

	特征	结果	成本
股本大，债务低	财务杠杆作用小	利润高	高
股本、债务比例各 50%	财务杠杆作用中	利润中	中
股本大，债务高	财务杠杆作用高	利润低	低

例：上海永旺科技股份公司是一家上市公司，准备投资 1 亿元开发一个新项目，该项目每年可产生 1200 万元的利润。该企业是高新企业，企业所得税税率为 15%，有五个融资方案可供挑选。

表 5-4　方案

	方案一	方案二	方案三	方案四	方案五
权益资本	增发 10000 万股，每股 1 元	增发 8500 万股，每股 1 元	增发 6500 万股，每股 1 元	增发 5000 万股，每股 1 元	增发 2500 万股，每股 1 元
债务资本		银行借款 1500 万元，利率 6%	银行借款 3500 万元，利率 6%	银行借款 5000 万元，利率 6%	银行借款 7500 万元，利率 6%
权益：债务	100：0	85：15	65：35	50：50	25：75

方案比较：

表 5-5　方案比较

单位：万元

	方案一	方案二	方案三	方案四	方案五
权益：债务	100：0	85：15	65：35	50：50	25：75
债务资本	0	1500	3500	5000	7500
权益资本	10000	8500	6500	5000	2500
息税前利润	1200	1200	1200	1200	1200
借款利率		6	6	6	6
税前利润	1200	1110	990	900	750
应缴所得税	180	166.5	148.5	135	112.5
税后净利润	1020	943.5	841.5	765	637.5
税前权益资本利润率	12	13.05	15.2	18	30
税后权益资本利润率	10.2	11.1	12.9	15.3	25.5

通过对上述五个方案的考量，该企业若选择利润最大化，只能使用方案一；若选择股东回报最大化，只能使用方案五。这种选择取决于企业的战略定位。

四、现金流量下的融资综合成本考量

现金流量比利润重要，企业可能应收账款巨大，导致报表上的利润可观，但是现金流是负数，最终会导致信用支付风险。

在现金流量表中，主要是考察净现金流量，它是由经营现金净流量（A）、投资现金净流量（B）、融资现金净流量（C）组成。通过三者的不同数据表现，能够判断出企业经营状态、生存形态。

表 5–6　现金流量下的融资综合成本考量

序号	形态	特征	成本
1	A+, B+, C+	经营现金流量充沛，投资收益良好，若无新的投资机会，仍去融资，易造成资金浪费	较低
2	A+, B+, C–	经营与投资均正常，因偿还借款形成融资负数	低
3	A+, B–, C+	企业一般处于扩张期，投资流是负数，经营与融资正常	中
4	A–, B+, C+	企业靠融资来维持经营运行，重点看投资现金流正数是投资收益，还是收回投资产生的。若是后者，财务状况恶化	趋高
5	A+, B–, C–	企业经营现金流正数，可见经营正常。投资流是负数，说明还在加大投资；融资流是负数，显示在偿还以前债务	中
6	A–, B+, C–	经营、融资流均为负数，企业经营已到危险边缘。若投资净流入是收回投资，则企业离破产不远	高
7	A–, B–, C+	企业经营、投资靠借款来维持，若企业处于初创期、投入期，一旦渡过难关，则有发展；若是成长期、成熟期，则危险很大	高
8	A–, B–, C–	企业生产经营很困难，财务状况危险，随时面临破产。若是发生在扩张期，则要迅速改变现金流状态	高

第二节　基于战术的融资综合成本节省比较

一、融资综合成本比较

成本	融资利息与费用		融资税务成本		
高		社会融资（高利贷、小贷）	税前不扣除	股票红利	
		股票		留存收益红利	
中		留存收益	税前扣除	社会融资（注①）	
		企业间借款		企业间借款（注①）	
		信托借款		信托借款	
		融资租赁		融资租赁	
低		银行贷款		银行贷款	
		债务工具（企业债、公司债、中票等）		债务工具	

图 5-1　融资综合成本比较

注：①非金融企业间借款不超过金融机构贷款利率的部分，税前扣除；②关联企业债务与权益比例不超过 2:1 的部分，税前扣除。

二、融资成本的分类比较

表 5-7　融资成本的分类比较

	成本比较	用途
个别融资成本	在比较单项融资产品时，关注单个融资成本，类似于普通股资本成本率、优先股资本成本率、债券融资成本率、银行贷款融资成本率、留存收益资本成本率、信托贷款融资成本率等	作为融资方式选择的依据
综合融资成本	在进行资本结构决策时，要考虑长短期融资成本、权益与债务融资成本、权益类子项目融资成本、债务类子项目融资成本，最后确定最优的综合融资成本	作为资本结构选择的依据
边际资金成本	在进行追加投资时，要以边际资金成本作为决策依据	作为追加融资方案选择的依据
机会成本	在进行正常投资决策时，要充分考虑机会成本，发挥最佳投资价值。当机会成本难以计算时，可以参考银行同期贷款利率	作为融资方案选择的依据

确定企业融资成本是企业进行投资决策的重要条件。企业融资成本的性质决定了它是一个融资方案必须达到的最低报酬率。只有资金利润率高于融资成本率的投资方案，在经济上才具可操作性。

三、 企业融资成本节省的计算方法

（一）个别融资成本率的计算

在通常的分析活动中，资金成本率就是资金成本，资金成本率一般公式：

$$K = \frac{D}{P - F} = \frac{D}{P(1 - f)}$$

式中：K 表示融资成本率，D 表示资金占用费，P 表示筹资金额，F 表示资金筹集费，f 表示融资费率。

1. 优先股资金成本

表 5-8　优先股资金成本

名称	概念	特点
优先股	是依照公司法，在一般规定的普通股之外，另行规定的其他种类股份，其股份持有人在利润分配及剩余财产分配的权利方面优先于普通股	①固定的股息率 ②视同永续年金，期限较长，每年股息相等 ③税后净利润中列支股息 ④参与公司管理决策等权利上受限制

其资金成本计算公式如下：

$$K_p = \frac{D_p}{P_0(1 - f)} = \frac{F_p \times i_p}{P_0(1 - f)}$$

式中：K_p 表示优先股资金成本；D_p 表示税后净利润中列支的股息；i_p 表示优先股股息率；P_0 表示优先股发行价格；F_p 表示优先股票面价格；f 表示优先股筹资费率（即筹资费占募集资金总额的比率）。

例：某上市公司发行 2000 万股优先股股票，发行价格为 10 元，股息率为 6%，筹资费率为 0.8%。现计算该优先股的资金成本。

解：根据公式有：

$$K_p = \frac{F_p \times i_p}{P_0(1 - f)} = \frac{2000 \times 10 \times 6\%}{2000 \times 10(1 - 0.8\%)} = 6.048\%$$

2. 普通股资金成本

表 5–9 普通股资金成本

名称	概念	特点
普通股	指按照公司法设立的公司，在公司的经营管理、盈利、财产的分配上享有普通权利的股份，它构成公司资本的基础，是股票的一种基本形式	①公司决策参与权：普通股股东有权参与股东大会，并有建议权、表决权和选举权，也可以委托他人代表其行使其股东权利 ②利润分配权：普通股股东有权从公司利润分配中得到股息。普通股的股息是不固定的，由公司盈利状况及其分配政策决定。普通股股东必须在优先股股东取得固定股息之后才有权享受股息分配权 ③优先认股权：如果公司需要扩张而增发普通股股票时，现有普通股股东有权按其持股比例，以低于市价的某一特定价格优先购买一定数量的新发行股票，从而保持其对企业所有权的原有比例 ④剩余资产分配权：当公司破产或清算时，若公司的资产在偿还欠债后还有剩余，其剩余部分按先优先股股东、后普通股股东的顺序进行分配

假设公司普通股每年的股息固定不变，其资金成本率公式如下：

$$K_c = \frac{D_c}{P_c(1-f)} = \frac{F_c \times i}{P_c(1-f)}$$

式中：K_c 表示普通股资金成本；D_c 表示税后净利润中列支的股息；i 表示普通股股息率；P_c 表示普通股发行价格；F_c 表示普通股票面价格；f 表示筹资费率（即筹资费占筹集资金总额的比率）。

假如公司普通股每年股息增长率为 g，第 1 年的股息为 D_c（$D_c = P_c \times i$），第 2 年的股息为 $D_c(1+g)$。第 3 年的股息为 $D_c(1+g)^2$，第 4 年的股息为 $D_c(1+g)^3$，第 n 年的股息为 $D_c(1+g)^{n-1}$，则其考虑股息增长率的资金成本率公式如下：

$$K_c = \frac{D_c}{P_c(1-f)} + g = \frac{i}{1-f} + g$$

例：某公司按每股 5 元发行普通股 5000 万股，筹资费率 2.5%，第一年的股息率为 8%，以后每年增长 3%。现计算该普通股的资金成本。

解：根据公式有：

$$K_c = \frac{D_c}{P_c(1-f)} + g = \frac{5000 \times 5 \times 8\%}{5000 \times 5 \times (1-2.5\%)} + 3\% = 11.21\%$$

3. 债券资金成本

表 5–10 债券资金成本

名称	概念	特点
债券	企业直接向社会借债筹措资金时，向投资者发行，承诺按一定利率支付利息并按约定条件偿还本金的债权债务凭证	①债券发行有平价发行、溢价发行、折价发行 ②债券利息支付有分次付息，到期还本付息 ③债券利息和筹资费可在税前列支

债券资金成本的计算公式如下：

$$K_b = \frac{\left[I_t + (F_b - P_b)/n\right](1 - T)}{P_b(1 - f)}$$

式中：K_b 表示债券税后资金成本；I_t 表示第 t 年支付利息；P_b 表示债券销售价格；F_b 表示债券票面价格；T 表示所得税税率；f 表示筹资费率。

例：某上市企业发行一期公司债券，面值为 100 元，年利率为 6%，五年期，发行价格为 98 元，筹资费率为 1.2%，所得税税率为 15%，现计算该债券的资金成本。

解：根据公式，计算如下：

$$K_b = \frac{\left[I_t + (F_b - P_b)/n\right](1 - T)}{P_b(1 - f)} = \frac{\left[100 \times 6\% + (100 - 98)/5\right](1 - 15\%)}{98 \times (1 - 1.2\%)} = 5.62\%$$

4. 借贷资金成本

表 5–11　借贷资金成本

名称	概念	特点
借贷资金	指企业在金融市场上通过负债方式从资金提供者那里取得的资金，又称作债务资金，是自有资金的对称	①利息可税前列支，但受限制 ②受付息周期影响，存在名义利率与有效利率之区别

注：①非金融企业间借款不超过金融机构贷款利率的部分，税前扣除；②关联企业债务与权益比例不超过 2∶1 的部分，税前扣除。

借贷资金成本的计算公式：

$$K_l = \frac{1 - T}{1 - f} \times i_{eff}$$

式中：K_l 表示借贷资金成本（税后成本），T 表示所得税税率，f 表示筹资费率，i_{eff} 表示贷款年有效利率；$i_{eff} = \left(1 + \frac{r}{m}\right)^m - 1$，r 表示名义利率，m 表示年计息次数。

例：某企业从银行贷款 1 亿元，年利率 8%，每半年支付一次利息，所得税税率为 25%，筹资费率为 1%，现计算该贷款的资金成本。

解：（1）将名义利率折算为有效利率，根据公式得：

$$i_{eff} = \left(1 + \frac{r}{m}\right)^m - 1 = \left(1 + \frac{8\%}{2}\right)^2 - 1 = 8.16\%$$

（2）再计算贷款的资金成本，根据公式得：

$$K_l = \frac{1 - T}{1 - f} \times i_{eff} = \frac{1 - 25\%}{1 - 1\%} \times 8.16\% = 6.18\%$$

5. 留存收益资金成本

表5-12　留存收益资金成本

名称	概念	特点
留存收益资金	留存收益是企业历年实现的净利润留存于企业的部分，主要包括累计计提的盈余公积和未分配利润。指定用途的叫盈余公积，未指定用途的叫未分配利润	①留存收益资金是公司内部融资 ②不存在资金成本，但是实际上有成本，就是机会成本

留存收益资金成本一般参照普通股成本法。因为留存收益资金属公司内部融资，公司不需要耗费融资费用。因此公式与普通股略有不同。

$$K_R = \frac{D_c}{P_c} + g$$

式中：K_R 表示保留资金收益成本；D_c 表示预计普通股第一年的股利额；P_c 表示普通股的融资额；g 表示普通股股利年增长率。

例：某公司发行5000万股普通股，发行价格为每股5元，第一年的股利为每股0.25元，以后每年递增2%。准备将可分配利润1250万元作为扩大再生产使用，现留存收益资金成本是多少？

解：根据公式，可计算：

$$K_R = \frac{D_c}{P_c} + g = \frac{1250}{5000 \times 5} + 2\% = 7\%$$

（二）综合资金成本计算

综合资金成本也叫加权平均资金成本，它是以资本结构为权数对个别成本率进行加权平均而得到的综合成本。其计算公式如下：

$$K_w = \sum_{j=1}^{n} W_j K_j$$

式中：K_w 表示综合资金成本；W_j 表示第 j 种资金占全部资金的比重；K_j 表示第 j 种资金税后成本；n 表示筹资方式的种数。

在实际工作中，一般是四个步骤，首先是列出单项资金的数量，其次是计算单项资金的权重，再次是计算出单项资金的个别成本率，最后是按上述公式计算出加权平均资金成本。

例：某上市公司的融资方式、融资金额、权重、单项资金成本如表5-13所示，计算其综合资金成本。

解：根据公式，计算结果如表5-13所示。

表5-13　计算方法

单位：万元，%

序号	融资方式	融资金额	权重	单项资金成本	加权平均资金成本
1	优先股	8000	16	9.28	1.49
2	普通股	32000	64	15.4	9.86
3	债券	6000	12	8.77	1.05
4	银行贷款	4000	8	6.18	0.49
合计		50000	100		12.89

（三）边际成本的计算

边际成本是指资本每增加一个单位资本所需要增加的成本。边际成本率通常在某一筹资区间内保持固定成本，然后开始逐级上升，其变化规律呈现为阶梯式上升。

综合资金成本或加权平均资金成本是对过去融资或目前使用的资金成本的反映，随着时间的推移或融资条件的变化，其各种融资成本也不断变化，加权平均资金成本也随之变化。

例： 上海辉煌公司截至2016年12月31日总资本为1亿元。其中：银行贷款为2000万元，优先股为500万元，普通股为7500万元。现该公司为了扩大再生产，加大投资，准备追加融资。试确定资金的边际成本。

解： 具体计算步骤如下：

（1）确定公司最佳资本结构。

公司财务人员经过定性、定量分析判断，认为公司资本结构由银行贷款：优先股：普通股的比例为20：5：75构成，为最佳资本结构。以此最佳资本结构不变，进行追加融资。

（2）确定每种融资方式的资金成本。

公司财务人员对当前宏观经济、金融市场、企业实力进行了认真分析，并与相关融资渠道、金融机构进行了沟通。得出了随着公司融资规模的增大，每种融资成本也会上涨。具体见表5-14。

表5-14　上海辉煌公司融资数据

融资方式	最佳资本结构（%）	新融资的数量范围（万元）	资金成本（%）
银行贷款	20	0~100	6
		100~400	7
		大于400	8

融资方式	最佳资本结构（%）	新融资的数量范围（万元）	资金成本（%）
优先股	5	0~25	10
		大于 25	12
普通股	75	0~225	14
		225~750	15
		大于 750	16

（3）计算融资总额的分界点。

分界点一般是指特定融资方式成本变化的分界点。分界点的计算公式如下：

$$BP_i = \frac{TF_i}{W_i}$$

式中：BP_i 表示融资总额的分界点；TF_i 表示第 i 种融资方式的成本分界点；W_i 表示最佳资金结构中第 i 种融资方式所占的比例。

表 5-15 上海辉煌公司融资分界点计算表

融资方式	资金成本（%）	新融资的数量范围（万元）	融资总额分界点（万元）	融资总额范围（万元）
银行贷款	6	0~100	100/0.2 = 500	0~500
	7	100~400	400/0.2 = 2000	500~2000
	8	大于 400	—	大于 2000
优先股	10	0~25	25/0.05 = 500	0~500
	12	大于 25	—	大于 500
普通股	14	0~225	225/0.75 = 300	0~300
	15	225~750	750/0.75 = 1000	300~1000
	16	大于 750	—	大于 1000

（4）计算边际资本成本。

根据第三步计算的分界点，可得出五组融资范围：第一组（0~300 万元）；第二组（300 万~500 万元）；第三组（500 万~1000 万元）；第四组（1000 万~2000 万元）；第五组（2000 万元以上）。

对上述五组融资范围计算加权平均资金成本，便可得知各组融资范围的边际成本。

现有加权平均资金成本公式如下：

$$K_w = \sum W_j K_j$$

式中：K_w 表示加权平均资金成本；W_j 表示第 j 种资本在总额中的权重；K_j

表示第 j 种资金成本。

表 5-16 上海辉煌公司资金边际成本

组号	融资总额范围（万元）	融资方式	最佳资本结构（%）	资金成本（%）	加权平均资金成本 WACC（%）	边际成本 MC（%）
一	0~300	银行贷款	20	6	1.2	
		优先股	5	10	0.5	
		普通股	75	14	10.5	
					12.20	
二	300~500	银行贷款	20	6	1.2	
		优先股	5	10	0.5	
		普通股	75	15	11.25	
					12.95	0.75
三	500~1000	银行贷款	20	7	1.4	
		优先股	5	12	0.6	
		普通股	75	15	11.25	
					13.25	0.30
四	1000~2000	银行贷款	20	7	1.4	
		优先股	5	12	0.6	
		普通股	75	16	12	
					14.00	0.75
五	>2000	银行贷款	20	8	1.6	
		优先股	5	12	0.6	
		普通股	75	16	12	
					14.20	0.20

（5）上海辉煌公司边际成本示意图。

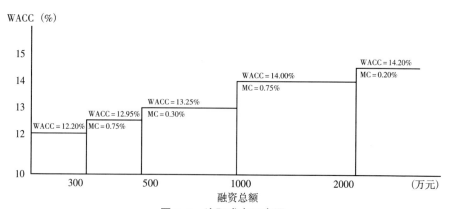

图 5-2　边际成本示意图

（四）企业综合资金成本节省的计算

企业在进行投融资活动时，对资金成本高低、资金成本的节省比较，一般是采取方案对比优选法。先拟定若干个备选方案，计算各个方案的资金成本结构的加权平均资金成本，然后相互比较，以加权平均资金成本最低、综合资金成本最节省的方案，作为最佳方案。

例： 上海辉煌公司准备新建一项目，需要融资 10000 万元，现有四个可行方案供其选择，具体相关材料如表 5-17 所示。

表 5-17 融资成本节省方案比较

融资节省方案	方案一			方案二			方案三			方案四		
	融资额（万元）	权重	资金成本（%）	融资额（万元）	权重	资金成本（%）	融资额（万元）	权重	资金成本（%）	融资额（万元）	权重	资金成本（%）
银行贷款	2000	20	5	2500	25	5	5000	50	5	3500	35	5
企业债券	3000	30	3	4000	40	3	1000	10	3	3500	35	3
普通股	5000	50	6	3500	35	6	4000	40	6	3000	30	6
合计	10000			10000			10000			10000		

解：（1）计算加权平均资金成本。

1）方案一的加权平均资金成本。

$WACC_1 = 20\% \times 5\% + 30\% \times 3\% + 50\% \times 6\% = 4.9\%$

2）方案二的加权平均资金成本。

$WACC_2 = 25\% \times 5\% + 40\% \times 3\% + 35\% \times 6\% = 4.55\%$

3）方案三的加权平均资金成本。

$WACC_3 = 50\% \times 5\% + 10\% \times 3\% + 40\% \times 6\% = 5.2\%$

4）方案四的加权平均资金成本。

$WACC_4 = 35\% \times 5\% + 35\% \times 3\% + 30\% \times 6\% = 4.6\%$

（2）比较综合资金成本的高低。

$WACC_2 < WACC_4 < WACC_1 < WACC_3$

$WACC_2$ 是这四种方案中综合资金成本最低的。

（3）比较综合资金成本的节省。第二种方案比第四、第一、第三方案节省成本数目为：

$WACC_4 - WACC_2 = 5$（万元）

$WACC_1 - WACC_2 = 35$（万元）

$WACC_3 - WACC_2 = 65$（万元）

例：上海科辉公司扩大再生产，在原有资金的基础上，需要融资5000万元，追加资金的方案有三个。具体数据如表5-18所示。

表5-18　科辉公司原资本结构和最佳资金方案表

融资方式	原资本结构		最佳资金方案一		最佳资金方案二		最佳资金方案三	
	融资额（万元）	资金成本（%）	融资额（万元）	资金成本（%）	融资额（万元）	资金成本（%）	融资额（万元）	资金成本（%）
银行借款	8000	8	2000	7	3000	7	3500	7
普通股	7000	12	3000	10	2000	10	1500	10
合计	15000		5000		5000		5000	

解：（1）不考虑原有资本结构，计算追加资金的成本节省。

1）计算追加资本的边际（增量部分）加权平均资金成本。

$$WACC_1 = \frac{2000 \times 7\%}{5000} + \frac{3000 \times 10\%}{5000} = 8.8\%$$

$$WACC_2 = \frac{3000 \times 7\%}{5000} + \frac{2000 \times 10\%}{5000} = 8.2\%$$

$$WACC_3 = \frac{3500 \times 7\%}{5000} + \frac{1500 \times 10\%}{5000} = 7.9\%$$

2）比较边际加权平均资金成本。

$WACC_3 < WACC_2 < WACC_1$

$WACC_3$ 成本最低。

3）比较成本节省。

$WACC_2 - WACC_3 = 15$（万元）

$WACC_1 - WACC_3 = 45$（万元）

（2）将追加的资金与原有资金混合计算成本节省。

1）计算不同方案下的加权平均资金成本。

$$WACC_1 = \frac{8000 \times 8\% + 2000 \times 7\%}{20000} + \frac{7000 \times 12\% + 3000 \times 10\%}{20000} = 9.6\%$$

$$WACC_2 = \frac{8000 \times 8\% + 3000 \times 7\%}{20000} + \frac{7000 \times 12\% + 2000 \times 10\%}{20000} = 9.45\%$$

$$WACC_3 = \frac{8000 \times 8\% + 3500 \times 7\%}{20000} + \frac{7000 \times 12\% + 1500 \times 10\%}{20000} = 9.375\%$$

2）比较混合资金的综合成本。

$WACC_3 < WACC_2 < WACC_1$

WACC$_3$ 混合成本最低。

3）比较成本节省。

WACC$_2$ – WACC$_3$ = 15（万元）

WACC$_1$ – WACC$_3$ = 45（万元）

第三节　基于操作的融资综合成本节省技巧

此节主要介绍在能够融资的前提下，可以进行多项选择，如何做到融资综合成本最佳。

一、经济周期理论下的融资成本节省

表 5-19　经济周期理论下的融资成本节省

阶段		经济周期特征				融资				
		产量	GDP增长率	通胀率	盈利	投资	常用产品组合	金额	成本	期限	优先选择
上升阶段	复苏期	增加	加速上升	下降	大幅上升	增加	风险投资、银行贷款、信托融资、租赁融资、债券融资	需求增大	趋敏感	中期	信用证、保函、银票、银行贷款、债务工具、企业间借款、信托、租赁、股票
	繁荣期	增速减慢	上升	上升	稳定增长	顶峰	同上，上市融资	需求旺盛	不敏感	短、中期	信用证、保函、银票、银行贷款、债务工具、企业间借款、信托、租赁、股票、社会融资（小贷、高利贷）
下降阶段	衰退期	下滑	下降	下降	减少	减少	风投、银行贷款、资管计划融资、租赁融资、债券融资	需求下降	敏感	中、长期	信用证、保函、银票、银行贷款、债务工具、企业间借款、租赁
	萧条期	低谷	下降	下降	微利或亏损	停止	风投、银行贷款、资管计划融资、租赁融资、债券融资	需求迅速下降	特别敏感	中、长期	信用证、保函、银票、银行贷款、债务工具、企业间借款

续表

阶段	经济周期特征					融资				
	产量	GDP增长率	通胀率	盈利	投资	常用产品组合	金额	成本	期限	优先选择

息费低成本：信用证、保函、银票
税费低成本：信用证、保函、银票
息费中成本：银行贷款、债务工具、企业间借款（两个条件）、信托、租赁
税费中成本：银行贷款、债务工具、企业间借款（两个条件内低）、信托、租赁
息费高成本：股票、社会融资（高利贷、小贷）
税费高成本：股票、社会融资（高利贷、小贷）（两个条件内低）

注：两个条件指：①非金融企业间借款不超过金融机构贷款利率的部分，税前扣除；②关联企业债务与权益比例不超过 2∶1 的部分，税前扣除。

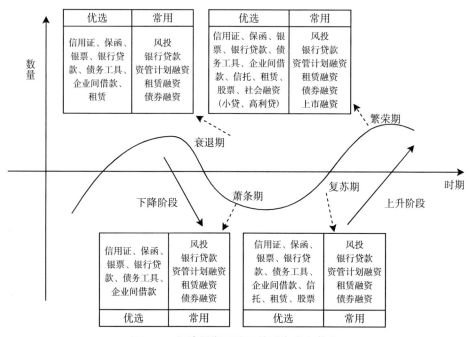

图 5-3　经济周期理论下的融资成本节省

二、企业生命周期理论下的融资成本节省

表 5-20　企业生命周期理论下的融资成本节省

阶段	经营特征				融资				
	产品	经营风险	盈利	资金流动	常用产品组合	金额	成本	期限	优先选择
初创期	产品初创，销售刚起步	非常高	亏损或微利	资金流入低、资金流出多、净资金流量为负	天使投资、政府投资、风险投资、股东投资、民间投资、典当融资	满足基本生产	高	长期	政府扶持资金（免息、贴息）、全额或部分保证金的银行承兑汇票或信用证、担保贷款、抵押贷款
成长期	产品基本定型，市场需求增加	中等	利润增长	资金流入高、资金流出高、净资金流量平（零）	风险投资、租赁融资、供应链融资、信用担保贷款、信托融资	满足正常生产	次高	长、短期	政府扶持资金（免息、贴息）、全额或部分保证金的银行承兑汇票或信用证、担保贷款、抵押贷款
成熟期	产品定型，销售稳定	低	利润稳定	资金流入高、资金流出低、净资金流量为正	银行贷款、债券融资、上市融资、租赁融资	充分满足正常生产	中等	短期为主，长期兼顾	政府扶持资金（免息、贴息）、全额或部分保证金的银行承兑汇票或信用证、担保贷款、抵押贷款、信用贷款、债务工具
衰退期	销售下降	中偏高	利润下滑	资金流入低、资金流出低、净资金流量平（零）	银行贷款、债券融资、租赁融资	满足基本生产	中等	长期为主，短期兼顾	政府扶持资金（免息、贴息）、全额或部分保证金的银行承兑汇票或信用证、担保贷款、抵押贷款、信用贷款、债务工具

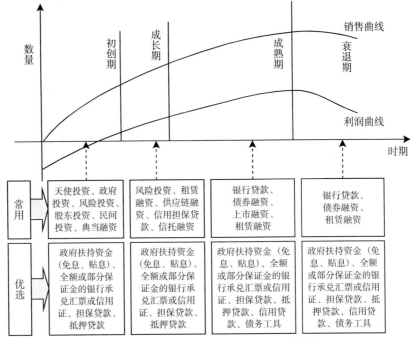

图 5-4　企业生命周期理论下的融资成本节省

三、大型企业融资成本节省

表 5-21　大型企业融资成本节省

阶段	特点	一般可融资产品	优先选择
初创期	起点高，具有一定的实力，拥有一定的资产规模。市场在探索、财务在寻找盈利点	战略投资者的股本金 银行贷款 租赁	低保证金的银行承兑汇票、低保证金的信用证、低抵押率的银行贷款
成长期	资产规模在做大，产品在成长，市场有一定的认同，财务在盈利	银行贷款 企业债 中期票据 短期融资债券 资管计划	低保证金的银行承兑汇票、低保证金的信用证、信用方式的银行贷款、低抵押率的银行贷款
发展期	资产规模在快速扩张，产品有一定的占有率，市场地位在大幅提高，财务实力大幅增强	银行贷款 债券融资 上市发行股票 资产证券化	无保证金的银行承兑汇票、低保证金的银行承兑汇票、无保证金的信用证、低保证金的信用证、信用方式的银行贷款、低抵押率的银行贷款、债务工具
成熟期	资产规模、产品占有率、市场影响率、财务盈利率均处于稳定的平台上，向前迈进	银行贷款 上市发行股票 公司债 资产证券化	无保证金的银行承兑汇票、低保证金的银行承兑汇票、无保证金的信用证、低保证金的信用证、信用方式的银行贷款、低抵押率的银行贷款、债务工具

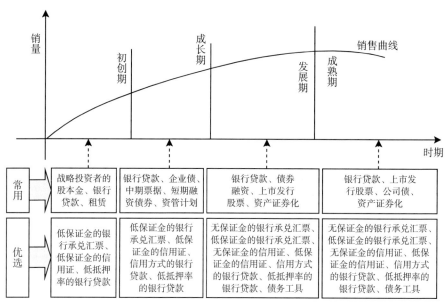

图 5-5　大型企业融资成本节省

四、中小企业融资成本节省

表 5-22　中小企业融资成本节省

阶段	特点	一般可融资产品	优先选择
种子期	企业刚刚成立，产品刚投入市场，资产规模较小，流动资金有限。风险大	①内源融资：内部员工集资、设立股份公司筹资、亲朋好友借款、企业留存盈余融资 ②民间借贷：向互助会、合作社等民间借款机构融资 ③政策扶持资金：经信委有技改资金、中小企业资金；科技厅有科技三项资金；农委有农业产业化资金 ④天使投资（VC）：企业初创期的一种风险投资 ⑤典当融资：指企业将动产、财产权利质押或抵押给典当行，是有偿有期有息的借贷融资方式	政府扶持资金（免息、贴息）、全额或部分保证金的银行承兑汇票或信用证
创业期	企业已度过初创期，产品有一些销路，资产规模在增加，在逐步得到社会认可，但是资产有限，订单不多。这时，可由内部融资向社会融资迈进。风险较大	在种子期的产品均可用到成长期，增加品种： ①融资租赁 ②小额贷款公司贷款：小额贷款公司向借款人发放的流动资金贷款 ③担保公司担保的银行贷款：借款人向银行申请贷款，得到批准后，由担保公司承担担保职责的贷款 ④引进新股东（增资扩股）：为了增加资金，进行股权融资，一是引进新的股东，二是对老股东发行新股份 ⑤风险投资（PE）	政府扶持资金（免息、贴息）、全额或部分保证金的银行承兑汇票或信用证、担保贷款、抵押贷款

阶段	特点	一般可融资产品	优先选择
成长期	产品得到社会认可、销路畅通、资金周转正常、实力增强，具有一定抗风险能力。风险适中	种子期和创业期产品可用。另外还有： ①债务融资：包括中小企业私募债、公司债、企业债、中票、短融、非金融企业非公开定向债务融资工具（PPN）、创业板私募债 ②信托计划	政府扶持资金（免息、贴息）、全额或部分保证金的银行承兑汇票或信用证、担保贷款、抵押贷款、信用贷款、债务工具
成熟期	产量扩大，销量大增，经济实力较强，处于发展的高峰。风险小	除了创业期、成长期阶段可用产品外，增加品种： ①上市融资 ②资产证券化	政府扶持资金（免息、贴息）、全额或部分保证金的银行承兑汇票或信用证、担保贷款、抵押贷款、信用贷款、债务工具

随着中小企业生命周期的进程，企业逐步壮大，抗风险能力增强，在选择融资产品时，要不断扩大优先选择的融资产品，扩大其比例，通过成本加权，降低总的融资成本。

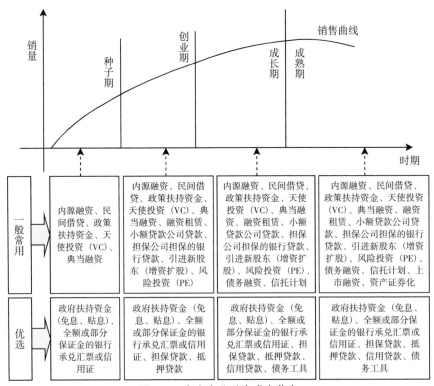

图 5-6　中小企业融资成本节省

五、房地产开发项下的融资成本节省

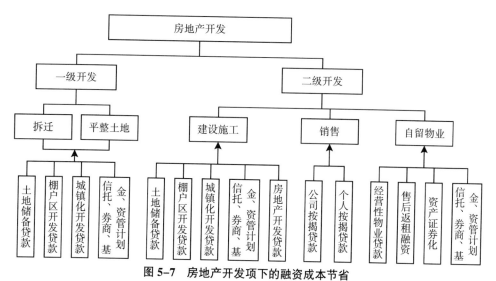

图 5-7　房地产开发项下的融资成本节省

表 5-23　房地产开发项下的融资成本节省

房地产开发		常用融资产品	拉低成本的融资产品
一级开发	拆迁、平整土地	土地储备贷款，棚户区开发贷款，城镇化开发贷款，信托、券商、基金、资管计划	
二级开发	建设施工	土地储备贷款，棚户区开发贷款，城镇化开发贷款，信托、券商、基金、资管计划，房地产开发贷款	保函、银行承兑汇票、商业承兑汇票、信用证、债务工具
	销售	公司按揭贷款，个人按揭贷款	
	自留物业	经营性物业贷款，售后返租融资，资产证券化，信托、券商、基金、资管计划	

六、钢铁行业项下的融资成本节省

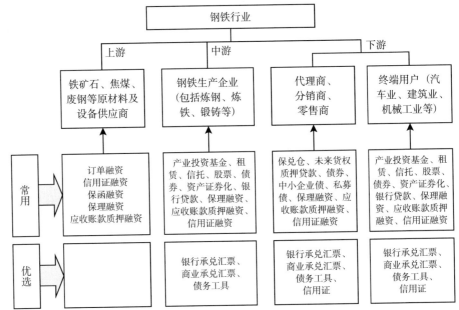

图 5-8　钢铁行业项下的融资成本节省

表 5-24　钢铁行业项下的融资成本节省

钢铁行业		常用融资产品	优先选择融资产品
上游	铁矿石、焦煤、废钢等原材料及设备供应商	订单融资 信用证融资 保函融资 保理融资 应收账款质押融资	
中游	钢铁生产企业（包括炼钢、炼铁、锻铸等）	产业投资基金、租赁、信托、股票、债券、资产证券化、银行贷款、保理融资、应收账款质押融资、信用证融资	银行承兑汇票、商业承兑汇票、债务工具
下游	代理商、分销商、零售商	保兑仓、未来货权质押贷款、债券、中小企业债、私募债、保理融资、应收账款质押融资、信用证融资	银行承兑汇票、商业承兑汇票、债务工具、信用证
	终端用户（汽车业、建筑业、机械工业等）	产业投资基金、租赁、信托、股票、债券、资产证券化、银行贷款、保理融资、应收账款质押融资、信用证融资	银行承兑汇票、商业承兑汇票、债务工具、信用证

七、汽车行业项下的融资成本节省

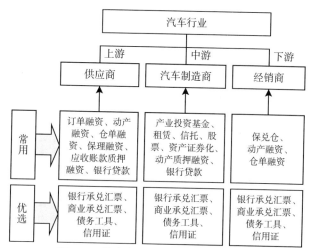

图 5-9　汽车行业项下的融资成本节省

表 5-25　汽车行业项下的融资成本节省

汽车行业		常用融资产品	优先选择融资产品
上游	供应商	订单融资、动产融资、仓单融资、保理融资、应收账款质押融资、银行贷款	银行承兑汇票、商业承兑汇票、债务工具、信用证
中游	汽车制造商	产业投资基金、租赁、信托、股票、资产证券化、动产质押融资、银行贷款	银行承兑汇票、商业承兑汇票、债务工具、信用证
下游	经销商	保兑仓、动产融资、仓单融资	银行承兑汇票、商业承兑汇票、债务工具、信用证

例：辽宁精明公司在 2015 年向职工集资人均 10000 元，年利率为 9%。假定当期同类银行贷款利率为 6%。该公司职工人数为 2000 人，人均月工资为 3000元。当年税前利润为 500000 元。设计两个方案：

表 5-26　方案比较

单位：万元

	方案一	方案二
税前利润	50	50
利率	9%	6%
超标 3% 调整	$60 = 2000 \times 1 \times 3\%$	无
所得税	$27.5 = (50 + 60) \times 25\%$	$12.5 = 50 \times 25\%$

	方案一	方案二
员工利息损失（9%-6%）		300 元（加入工资中）
减少代扣个人所得税		12 = 1 × 2000 ×（9% - 6%）× 20%

经过比较，方案二比方案一佳：单位节税 15 万元（27.5-12.5）；个人节税 12 万元。财务筹划节税 27 万元。

例： 上海精明公司 2016 年 10 月因生产经营需借款 1 亿元，现有三个方案：一是向股东上海盛名公司借款 1 亿元。上海盛名公司投资 3000 万元给上海精明公司，是第三大股东。二是上海盛名公司先借给非关联公司上海明星公司 1 亿元，上海明星公司再借给精明公司。三是委托银行，借款利率为 8%，银行贷款利率为 4.35%。

解： 假设可增加利润 1000 万元，企业所得税税率 15%。

表 5-27　方案比较

单位：万元

	方案一	方案二	方案三
借款金额	10000	10000	10000
利率	8%	8%	8%
期限	365	365	365
手续费	无	无	20(2‰)
债权∶权益	3.33	无	3.33
息税前利润	1000	1000	1000
总息费	800	800	820
税前扣除息费	261=(3000×2×4.35%)	435=(10000×4.35%)	281=3000×2×4.35%+20
税前利润	739	565	719
应纳税所得额	191.7=[739+(800-261)]×15%	139.5=[565+(800-435)]×15%	188.7=[719+(820-261)]×15%
税后扣除	539=800-261	365=800-435	559=820-261
税后净利润	8.3=547.3-539	60.5=425.5-365	-29=530.3-559

经过比较，方案二最佳，方案一其次，方案三最差。

读书笔记

第六章 融资成本节省案例

★ **内容提要**：

理论投资太复杂，

例题明了任时佳。

莫嫌讲述偏枯燥，

无水源头哪长花。

第一节　不同方法融资成本节省案例

一、运用股东借款比直接增资节省成本

表6-1　股东借款

参与者	特点
伟明环保	浙江伟明环保股份有限公司是以固体废弃物处理为主业的大型股份制企业。公司有两个自然人股东A和B。2009年12月公司第三次增资扩股。截至2009年末，公司所有者权益2000万元，但其他公积金和未分配利润均为零
瓯海公司	伟明环保100%控股瓯海公司，伟明环保决定由瓯海公司选择一个新的生产经营项目，大致需要6000万元
自然人股东A、B	A、B两位股东通过讨论决定按照他们的出资比例来承担瓯海公司新的生产经营项目投资。该投资项目年应纳税所得为1000万元

（1）流程。

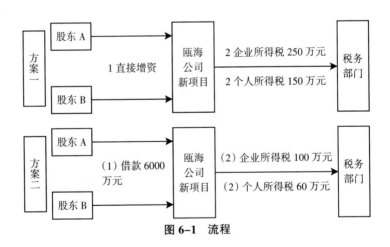

图6-1　流程

（2）流程图的列示。

表 6-2　列示

序号	详细过程
1	公司的两位股东 A、B 增资方式为直接增资
2	瓯海公司新项目缴纳企业所得税 250 万元及股息分红个人所得税 150 万元，所有者获益 600 万元
（1）	两位股东 A、B 按比例借款给瓯海公司 6000 万元，年利率 10%
（2）	瓯海公司新项目缴纳企业所得税 100 万元及个人所得税 60 万元，公司收益 240 万元。同时股东利息收入缴纳个人所得税 120 万元（6000×10%×20%）

表 6-3　方案

单位：万元

类别	方案一	方案二
应纳税所得	1000	1000－6000×10%＝400
企业所得税	1000×25%＝250	400×25%＝100
个人所得税	（1000－250）×20%＝150	（1000－6000×10%－100）×20%＝60
缴税总额	400	160
所有者收益	600	240

　　表 6-3 中表面上所有者收益方面方案二比方案一低，但加上股东收益 480，则总体收益方面方案二比方案一高。从另一角度看，税收负担方面，总体上股权投入税收要高于公司向股东借款。

二、运用众筹模式节省融资成本

表 6-4　众筹模式

参与者	特点
重庆 GW 房地产开发有限公司	主要经营房地产开发，以小型旅游度假房开发为核心业务。现面临如下问题：一是项目的开发资金需求量大，对外融资依赖性高；二是外部融资主要依赖银行贷款，融资成本高。公司做 LYT 项目，该项目占地约 5 平方千米，总投资超过人民币 50 亿元。公司对 LYT 项目进行了组团拆分，分期开发，分期融资。公司对 LYT 项目的 A 组团进行众筹融资。A 组团总计有 120 套房屋
投资者	主要包括两部分人群：一是本项目的目标购房者中有意愿参与 LYT 项目的 A 组团项目众筹的人；二是拥有闲散资金的投资者中有意愿参与 LYT 项目的 A 组团项目众筹的人。众筹投资者投资 100 套房屋
投资者委员会	一个第三方独立机构，期初由 LYT 项目的 A 组团项目众筹筹备委员会发起，最终由投资者组成的组织。其主要职责是负责招募投资者，代表投资者筹集资金、监督监管资金的运用，负责和项目的发起者沟通协调项目的发展，维护投资者的权利

（1）流程。

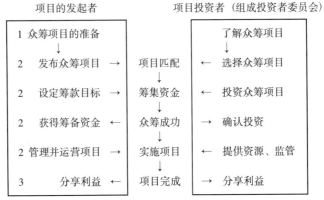

图 6-2　流程

（2）流程图的列示。

表 6-5　列示

序号	详细过程
1	项目的筹备与发起，主要是由项目的发起人规划和设计好项目，确定项目的策划方案，并且对外发布
2	发布项目后，与众筹融资的投资者进行沟通，达成众筹融资的合作，包括协议签订、投资款项入账等
3	众筹项目的实施完成后，项目发起人兑现承诺。这个过程中，投资者组成投资者委员会，监督项目的实施，项目完成后，投资者按照与发起人的约定，获得众筹投资的合法收益

　　重庆 GW 房地产开发有限公司通过众筹融资模式，在 LYT 项目的运营过程中，在 30 天的时间内，实现超过 5000 万元资金的融资，融资效率高于传统的融资模式，融资成本可降至 8%。120 套房子众筹融资完成从某种意义上讲就已经完成了 100 套房屋的销售，可以降低销售成本。公司还获得了 120 套房屋中的20 套房屋的所有权。

　　LYT 项目众筹之后，发起方又陆续发起了新的众筹项目，而新的众筹项目的投资者多为 LYT 项目的投资者，或者是 LYT 项目投资者推荐的投资者，这对于项目发起方来说，减少了众筹融资的成本，提高了众筹融资的效率。

三、运用集团统贷平价转贷节省成本

表6-6 集团统一贷款

参与者	特点
黄河建筑施工集团	拥有控股企业近10个，过去都是由集团公司统一向金融机构贷款，然后转贷给各控股企业，向各控股企业收取利息。该集团2011年向银行融资6亿元
各控股企业	基本上都属于建筑、房地产及相关行业

（1）流程。

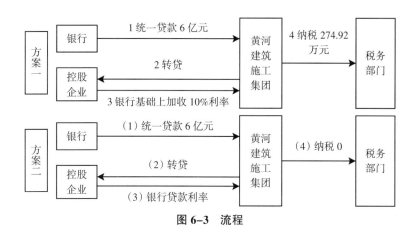

图6-3 流程

（2）流程图的列示。

表6-7 列示

序号	详细过程
1	黄河建筑施工集团统一向银行贷款，金额6亿元，年利息3600万元
2	黄河建筑施工集团把贷款转贷给各控股企业
3	黄河建筑施工集团向各控股企业收取利息，在银行贷款利率基础上加收10%，收取3960万元
4	黄河建筑施工集团纳税274.92万元
（1）	黄河建筑施工集团统一向银行贷款，金额6亿元，年利息3600万元
（2）	黄河建筑施工集团把贷款转贷给各控股企业
（3）	黄河建筑施工集团向各控股企业收取利息，收取与银行贷款一致的利率
（4）	黄河建筑施工集团纳税0万元

表 6-8　方案

单位：万元

类别	方案一	方案二
增值税	3960/(1 + 6%) × 6% = 224.15	0
城建税及教育费附加	224.15 × (7% + 3%) = 22.41	0
企业所得税	(3960 − 3600 − 224.15 − 22.41) × 25% = 28.36	0
合计	274.92	0

通过这种方式，方案二比方案一节省成本 274.92 万元。

《财政部、国家税务总局关于全面推开营业税改征增值税试点的通知》（财税〔2016〕36 号）附件 3 规定，对企业集团或者企业集团中的核心企业（以下简称统借方）向金融机构借款后，将所借资金分拨给下属单位（包括独立核算单位和非独立核算单位），并按不高于支付给金融机构的借款利率水平向下属单位收取用于归还金融机构的利息免征增值税；统借方将资金分拨给下属单位，按高于支付给金融机构的借款利率水平向下属单位收取利息，将视为具有从事贷款业务的性质，应对其向下属单位收取的利息全额征收增值税。由于黄河集团总部按金融机构利率向所属企业收取利息，集团总部不缴纳增值税。向黄河集团总部支付的利息不超过同期同类银行贷款利息，因此其涉税金额为零。

四、运用承兑汇票及贴现业务节省成本

A 企业办理 1000 万元期限 6 个月承兑汇票贴现，存入 300 万元保证金。承兑手续费按 0.05%，贴现月利率按 0.2475%，存款月利率按 0.06%，流动资金贷款月利率按 0.547% 计算。

表 6-9　计算方法

单位：万元

类别	承兑汇票	流动资金贷款
手续费	1000 × 0.05% = 0.5	0
贴现利息支出	1000 × 0.2475% × 6 = 14.85	0
利息收入	300 × 0.06% × 6 = 1.08	0
折合月利率	(0.5 + 14.85 − 1.08)/(1000 − 0.5 − 14.85 − 300)/6 = 0.347%	0.547%

运用承兑汇票及贴现业务，在将保证金从现金转换为承兑汇票所形成的附加成本情况下，企业获得 684.65 万元（1000 − 0.5 − 14.85 − 300）的新增资金所承担的月利率为 0.347%，比流动资金贷款月利率低 0.2%。

五、运用企业资产证券化产品节省成本

远东国际租赁有限公司 2016 年第一期信托资产支持票据，远东一期 ABN 是银行间市场第一单会计出表的资产支持票据，也是银行间资产证券化历史上首只实现公开发行的企业资产证券化产品。此期资产支持票据采用优先/劣后的分层结构，优先 A 级资产支持票据加权期限为 1.55 年，发行利率为 3.75%，低于同期两年期银行贷款利率 4.75%；优先 B 级资产支持票据加权期限为 3.56 年，发行利率 5.99%，低于一般信托贷款利率；次级资产支持票据 1.23 亿元，由远东国际租赁有限公司持有。

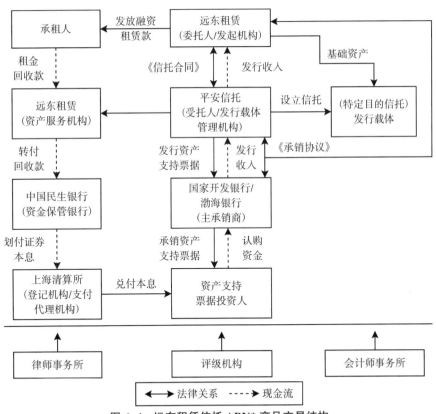

图 6-4　远东租赁信托 ABN* 产品交易结构

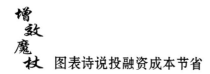

表 6-10 交易结构

成立时间	2016 年 6 月 21 日
项目交易机构	远东国际租赁有限公司作为发行机构和委托人，将其资产负债表上 20.67 亿元融资租赁应收账款委托给平安信托，设立远东 2016 年第一期资产证券化信托，以信托财产作为支持在银行间债券市场公开发行资产支持票据。资产支持票据采用优先/劣后的分层结构，分为优先 A 级资产支持票据、优先 B 级资产支持票据和次级资产支持票据，其中优先 A 级资产支持票据和优先 B 级资产支持票据由银行间投资者认购，在银行间债券交易市场流通，次级资产支持票据由远东国际租赁自持
发行规模	20.67 亿元，其中，优先 A 级资产支持票据为 17.57 亿元，占比 84.98%，优先 B 级资产支持票据为 1.87 亿元，占比 9.06%，次级资产支持票据 1.23 亿元，占比 5.96%
项目期限	优先 A 级资产支持票据加权期限为 1.55 年，优先 B 级资产支持票据加权期限为 3.56 年，次级资产支持票据加权期限为 4.08 年
信托计划委托人/发起机构	远东国际租赁有限公司
信托计划受托人/发行载体管理机构	平安信托有限责任公司
信托计划受益人	资产支持票据的投资人
主承销商	国家开发银行/渤海银行
资金保管银行	中国民生银行
利率	优先 A 级票据发行利率为 3.75%，全场倍数低于 2.87 倍；优先 B 级票据发行利率为 5.99%，全场倍数低于 1.29 倍；次级 1.23 亿元，占比 5.96%

通过这种方式，优先 A 级成本比银行贷款低一个百分点，优先 B 级成本比信托贷款至少低四个百分点。

第二节 不同行业融资成本节省案例

一、电力行业运用绿色通道海外融资节省成本

国电大渡河瀑布沟发电有限公司，借绿色通道海外融资，大大节省了成本，实现了四川中资企业在海外进行外币融资业务零的突破。

表 6-11 绿色通道融资节省成本

参与者	特点
国电大渡河瀑布沟发电有限公司	公司地处四川雅安市，是国电集团大渡河流域水电装机容量最大的电力生产型企业，在地震中遭受重大损失，希望通过融资，加快灾后恢复重建

参与者	特点
中国银行卢森堡分行	中国银行海外分行，为国电大渡河瀑布沟发电有限公司提供外币贷款
国家外汇管理局	为支持芦山地震灾区企业尽快重建及恢复生产，国家外汇管理局开辟短期外债"绿色通道"，允许灾区中资企业从海外借用1亿元外币，并可结汇为人民币使用

（1）流程。

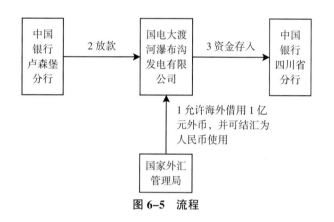

图 6-5　流程

（2）流程图的列示。

表 6-12　列示

序号	详细过程
1	国家外汇管理局开辟短期外债"绿色通道"，允许灾区中资企业从海外借用1亿元外币
2	国电大渡河瀑布沟发电有限公司向中国银行申请贷款，中国银行卢森堡分行为公司放款3000万美元，利率（含税）为3.6%，低于同期国内银行的一年期贷款利率6%
3	贷款资金放至国电大渡河瀑布沟发电有限公司在中国银行四川省分行开立的外债专户，可结汇为人民币使用

表 6-13　利率

	国内贷款一年期	外币海外直贷
利率（%）	6	3.6

受限制公司办理此业务需要国家外汇管理局开辟短期外债"绿色通道"。

通过这种方式，利率少付 2.4 个百分点。

二、房地产行业运用分次提取贷款节省成本

例：TSP 公司的 P8 项位于成都市锦江区东大街，项目由高端商业区和精装修住宅区构成，用地面积 5.6 万平方米，总建筑面积 12.5 万平方米。项目 2013 年 5 月开始筹建，2016 年 8 月完成住宅、商业及车位销售。

项目总投资：107426.43 万元。

项目投资来源为：企业拟投入自有资金 46000 万元，银行贷款 55000 万元。

预计销售收入转投入：6426.43 万元。

方案一：2014 年 6 月一次性提取贷款 55000 万元。

方案二：根据项目支出计划分次提取贷款，2014 年 6 月提取 25000 万元，2014 年 7 月提取 10000 万元，2015 年 1 月提取 10000 万元，2015 年 7 月提取 10000 万元。

贷款基准利率按照当时三年期贷款利率 6.4% 计算。

表 6-14　方案比较

单位：万元

时间	方案一	方案二
2014 年 6 月利息	293.33	133.33
2014 年 12 月利息	1760	768.6
2015 年 6 月利息	1408.61	344.1
2015 年 12 月利息	664.11	0
合计	4126.05	1246.03

经过比较，方案二比方案一节省利息 2880.02 万元。但分次提取贷款，应充分考虑到分次提取贷款的操作难度。在签订贷款协议时银行可能有足够的放款规模，若企业没有及时提取贷款，银行可能随着经济的波动出现放款规模困难，这时房地产开发企业若想及时提取贷款就很困难。所以，分次提取贷款虽然可以大大降低融资成本，但也可能会面临很大的资金短缺风险。

三、医药生物工程行业运用不同发展阶段选择不同产品降低融资成本

海王集团成立于 1989 年，是一家以医药生物工程为核心的综合性企业集团。在海王集团不同的发展历程中，其融资的侧重点也大不一样。初创期，融资以自有资金为主；发展期，以银行贷款为主；成熟期，资本市场的股权融资占有重要

地位。主体遵循内部融资—债务融资—股权融资的过程。随着企业的发展，融资呈现多元化，单位金额融资成本也逐渐降低。

表 6-15　海王集团融资方式

发展阶段	年份	融资方式	成本特点
初创期	1989	成立，第一年依靠自有资金	优先使用自有资金，再使用借贷资金。一般情况下私人借贷资金成本远高于银行贷款利率。同时尝试向银行借款，采用天使融资方式进行股权融资
	1990	从银行借得第一笔贷款 100 万美元	
	1991	引入一位澳大利亚人的私人股权投资 100 万元	
发展期	1992	连续上 9 个项目，对资金的需求迅速上升，分别从交通银行、中国银行以及农业银行融入短期借款 3000 万元	①随着企业的不断发展，随着信用等级提升等，与银行的谈判能力加强，可以争取优惠利率 ②由国内融资转向海外融资，争取海外低成本资金
	1993	实施增资扩股，引入中银信托等股东	
	1994	1994 年 6 月，公司增资人民币 5029.7 万元，增加内部职工股 1507.4 万元，吸收新股东香港恒建企业公司入股	
	1995	集团负债达 10 亿元，银行借款达 7.3 亿元，银行借款成为这个阶段的主要资金来源	
	1996	向海外进行债务融资，向日本第一劝业银行借款 1000 万美元；向华侨商业银行申请中长期贷款 500 万美元等	
成熟期	1998	在深圳证券交易所挂牌上市，向社会公众发行普通股 1910 万股，募集资金近 2 亿元	分别在深圳证券交易所和香港证券交易所上市融资，扩大融资渠道，降低单位融资成本
	2000	2000 年 12 月，海王生物成功增发 6900 万股新股，扣除发行费用后实际募集资金 14 亿元。海王集团除了在深圳证券交易所上市融资，还寻求在海外上市融资	
	2005	旗下子公司英特龙在香港创业板挂牌上市，募集资金 7810 万港元。子公司海王星辰也获得高盛 4000 万美元的投资	

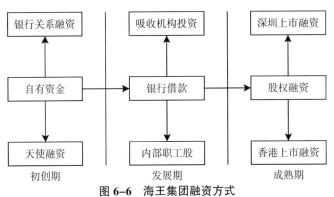

图 6-6　海王集团融资方式

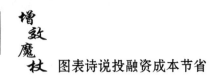

生命周期各阶段，企业的规模和特点不同，对资金的需求也不同，不仅要考虑融资成本高低，更要结合企业所处的阶段和特点来综合考虑。通过各种产品进行搭配，实现在降低融资成本的同时，促进企业的正常发展。

第三节　不同组合融资成本节省案例

一、运用"银行+保险"模式小微企业贷款成本节省

表6-16　小微企业贷款

参与者	特点
银行	应支持小微企业，但是一般小微企业不满足银行贷款要求，银行必须控制风险
保险公司	保险公司向小微企业提供小额贷款保证保险、借款人意外伤害保险等
小微企业	有融资需求，但是缺少抵押物和良好的信誉记录，难以在银行取得贷款。较多小微企业通过亲情借贷、友情借贷甚至在民间借高利贷，其利率成本往往达到20%，甚至更高。通常，小微企业融资难，融资成本较高

（1）流程。

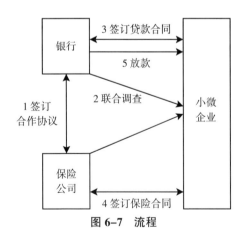

图6-7　流程

（2）流程图的列示。

表 6-17　列示

序号	详细过程
1	银行与保险公司签订合作协议
2	银行和保险公司联合对小微企业进行资信调查
3	银行与符合条件的小微企业签订贷款合同
4	保险公司与小微企业签订小额贷款保证保险、借款人意外伤害保险合同，贷款保证保险的费率一般为 2% 左右
5	银行给小微企业发放贷款，保险公司按合同约定承担贷款保证保险责任、借款人意外伤害保险责任

从成本方面看，小微企业从银行贷款，如果银行贷款利率按照基准利率上浮 10%，即 7% 左右，再加上 2%~3% 的保险成本，总融资成本也可控制在 10% 以下，低于民间借贷高达 20% 的利率成本。

二、运用供应链提供优惠利率开展应收账款融资

美国联合包裹服务公司通过下属信用部门，在供应链上提供金融服务，使供货商凭借沃尔玛的信用获取优惠利率应收账款融资。

表 6-18　美国联合包裹服务公司融资方式

参与者	特点
美国联合包裹服务公司	是一家全球性的快递承运商与包裹递送公司，同时也是运输、物流、资本与电子商务服务的领导性的提供者。公司及其下属信用部门自身具有庞大的资金实力
美国联合包裹服务公司下属信用部门	前身是美国第一国际银行，获得美国本土的金融业务牌照，具有专业风控能力，为客户提供各种供应链金融服务，包括存货融资、应收款融资等
沃尔玛	沃尔玛作为强势买方，一般要求供货商垫付全部货款，货物到岸后 30~90 天才结清款项，这对上游中小企业造成巨大资金压力
供货商	在含有赊销条款的国际贸易中往往需要垫付部分或者全额资金，到货后一段时间才能结算货款，因此资金压力非常大

（1）流程。

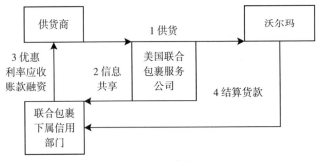

图 6-8　流程

（2）流程图的列示。

表 6-19　列示

序号	详细过程
1	供货商给沃尔玛提供货物，货物通过美国联合包裹服务公司运输
2	美国联合包裹服务公司及其下属信用部门、沃尔玛、供货商签订多方合作协议。美国联合包裹服务公司把所掌握的运货信息和客户关系共享给下属信用部门
3	下属信用部门根据所掌握的抵押货物的精确信息，为面临赊账压力的供货商提供低利率的短期应收账款融资服务，并收取相应回报
4	下属信用部门和沃尔玛统一结算货款

通过供应链方式提供优惠贷款开展应收账款融资，比一般贷款利率低。

三、房地产公司借助信托机构募集资金降低融资成本

表 6-20　房地产或建筑公司融资

参与者	特点
房地产或建筑公司	为有效利用土地，需要提高不动产的开发与经营效率
投资者	购买房地产或建筑公司的在建筑物
信托机构	利用其专业规划与管理，接受委托人的委托，提供信托服务

（1）流程。

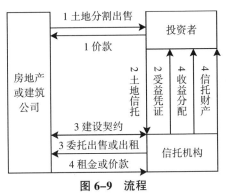

图 6-9 流程

（2）流程图的列示。

表 6-21 列示

序号	详细过程
1	房地产或建筑公司将在建的建筑物出售给投资者
2	投资者将标的物信托转让给信托机构获得受益凭证
3	信托机构再将建筑物租赁给房地产公司，由房地产公司负责大楼的出租工作
4	信托机构从房地产公司收取租金，扣除一定费用后分配给投资者，到期后房地产公司根据契约约定将大楼出售，然后将收入按照各个投资者投资比例进行分配

土地信托融资方式特点：

（1）融资成本低。其资金来源是直接募集闲置社会资金，经营方式不同于银行贷款，它的主要收益来源是收取的手续费，一般情况下其利率低于银行贷款利率 1% 左右。

（2）募集资金方式比较灵活。根据相关规定，只要得到信托公司的认可，土地信托随时可以在市场上发行，并且可募集到的资金量几乎不受限制。

（3）利率相对比较灵活。银行贷款利率由国家确定，当贷款利率上调时可能会导致融资成本增加，而发行的土地信托利率可根据一定阶段内市场利率的平均水平制定。

值得注意的是，2016 年 10 月，上海多个部门就房地产企业土地融资出台了多项调控政策，规定银行贷款、信托资金、资本市场融资、资管计划配资、保险资金不得用于缴付土地竞买保证金、定金及后续土地出让价款。

四、集团以持有的上市公司股票为标的发行可交换债券节省成本

天士力控股集团以持有的上市公司股票为标的，发行可交换债券，撬动 12 亿元的低成本融资。

表 6-22　天士力控股集团融资

参与者	特点
天士力股份	是以制药业为中心的高科技企业，股票代码 600535。公司于 2014 年 6 月 18 日公告定增预案
天士力控股集团有限公司	创建于 1994 年，是以大健康产业为主线，以生物医药产业为核心，以健康产业和医疗康复、健康养生、健康管理为两翼的高科技国际化企业集团
可交换债券持有人	投资于可交换债券

（1）流程。

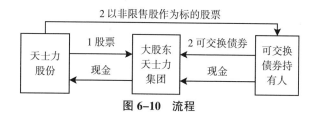

图 6-10　流程

（2）流程图的列示。

表 6-23　列示

序号	详细过程
1	天士力股份于 2014 年 6 月 18 日公告定增预案。2014 年 11 月 27 日，天士力股份公告定增发行股票 4763 万股，募集资金总额不超过 16 亿元，定增对象为天士力控股集团有限公司关联方
2	2014 年 8 月天士力控股集团拟以天士力为标的的股票发行不超过 12 亿元的可交换债券，发行期限不超过 5 年，主要用于控股集团参与 2014 年非公开增发 2015 年 6 月 4 日为本期可交换债券募集说明书公告日，天士力前 20 个交易日均价为 50.6955 元/股，天士力质押股票 3700 万股。本期可交换债券转股价为 57 元/股，可交换股票数为 2150 万股。若投资人行使转股权利，则天士力集团在低成本融资的同时，继续保留近 2658 万股。天士力集团以定增股票数（价值 16 亿元）的 45.14%，撬动 12 亿元的低成本融资

可交换债券票面利率较低，可有效降低集团融资成本：由于可交换债券是含权债券，对投资者而言有额外的期权价值，因而债券的票面利率较低。此次天士力控股集团债券票面利率为 1%。

可交换债券发行利率一般大幅低于普通公司债券的利率或者同期银行贷款利率。且与短融券、企业债、银行借款等纯债务工具相比，可交换债券期限较长。

读书笔记

参考文献

[1] 张小利：《基于企业理财的工程经济学》，中国电力出版社 2014 年版。

[2] (美) 坎贝尔·R.麦克南、(美) 斯坦利·L.布鲁伊：《经济学原理、问题及政策》(第 15 版)，李绍荣等译，中国财政经济出版社 2004 年版。

[3] 汤炎非、谢达理：《企业融资理论与实务》，高等教育出版社 2013 年版。

[4] 罗乐勤、陈译聪：《投资经济学》，科学出版社 2011 年版。

[5] 杨大楷、杨晔、曹黎娟：《投融资学》，上海财经大学出版社 2006 年版。

[6] 马秀岩、屈哲、卢洪升：《投资经济学》，东北财经大学出版社 2011 年版。

[7] 汤伟纲、李丽红：《工程项目投资与融资》，人民交通出版社 2015 年版。

[8] 于长春、王祥、曹晓雪：《企业税务筹划》，北京大学出版社 2014 年版。

[9] 张远堂、雷霆：《公司投资并购重组节税实务》，中国法律出版社 2013 年版。

[10] 刘晖、王秀兰：《金融投资学》，中山大学出版社 2013 年版。

[11] 丁辉关、郭晓晶、刘晓波：《投资学》，清华大学出版社 2013 年版。

[12] 李焕林、刘茂盛：《投资学概论》，东北财经大学出版社 2009 年版。

[13] 黄雨三：《最新企业节税与避税、纳税筹划案例操作实务》，团结出版社 2014 年版。

[14] 高慧云：《金融创新业务的税收筹划》，中国法制出版社 2015 年版。

[15] 袁愿、朱莎：《我国房地产信托运作模式分析及发展建议》，《财税金融》，2016 年第 7 期。

[16] 张宜雷：《优化融资方式降低融资成本与纳税风险》，《冶金财会》，2015 年第 9 期。

[17] 刘蓉、许捷：《企业负债融资方式的节税分析——某制造业上市公司税收筹划案例》，《财务与会计》，2007 年第 3 期。

[18] 周一轩：《港口企业资产证券化应用研究》，《交通财会》，2016 年 8 月。

[19] 胡军、陈建林：《民营企业融资方式的演化特征：典型企业的案例分

析》,《广东社会科学》,2009 年第 2 期。

[20] 肖斐斐、向启:《降低融资成本的"链式"方案——供应链融资模式》,《金融市场研究》,2015 年第 3 期。

[21] 刘莉:《股票质押式回购交易制度若干问题分析——以美邦服饰股票质押式回购案例为视角》,华东政法大学硕士学位论文,2013 年。

[22] 李良哲:《IPO 企业的税务筹划研究——以伟明环保为例》,杭州电子科技大学硕士学位论文,2015 年。

[23] 杨艾祥:《众筹融资模式在我国房地产企业中的应用——以重庆 GW 房地产公司 LYT 项目为例》,重庆理工大学硕士学位论文,2015 年。

[24] 李婧瑗:《税务筹划在制造类中小企业中的应用研究——以 A 机械制造公司为例》,河南大学硕士研究生论文,2014 年。

[25] 王艳丽:《房地产项目银行开发贷款融资成本研究——以 TSP 公司东大街 P8 项目为例》,西南财经大学硕士学位论文,2013 年。

[26] 谢伟:《土地储备融资方式及选择研究——以广西 A 市土地储备中心为例》,云南财经大学硕士学位论文,2015 年。

[27] 赖嘉凌、王石波:《信托型 ABN 的实践及启示:以远东一期 ABN 为例》,用益信托网,2016 年 9 月 23 日。

[28] 卢薇:《助力芦山地震灾区恢复重建,省内中资企业海外直贷实现零突破》,《四川日报》,2013 年 7 月 30 日。

[29] 冷翠华:《"银行+保险"模式助小微企业贷款:融资成本低于 10%》,《证券日报》,2014 年 11 月 13 日。

[30] 青岛政务网:《关于进一步做好出口退税账户质押贷款工作的通知》,青岛市商务局,青商规划字〔2010〕4 号。

[31] 道客巴巴:《企业短期融资券发行流程示意图》。

[32] 百度文库:《信用证业务流程图》、《企业设立、投融资和经营过程中的纳税筹划及典型案例讲解》、《租赁保理业务》、《保函》。

[33] 海通证券:《可交换债券融资方案推荐书》。

[34] 希财网:《企业债发行条件及流程图》。

[35] 张玮斌等:《融资魔方:图表诗说金融产业链融资》,经济管理出版社 2015 年版。

[36] 中国工商银行:《公司业务》,中国工商银行网站。

[37] 中国建设银行:《公司业务》,中国建设银行网站。

［38］中国银行：《公司业务》，中国银行网站。

［39］中国民生银行：《公司业务》，中国民生银行网站。

［40］中信银行：《公司业务》，中信银行网站。

［41］光大银行：《公司业务》，光大银行网站。

［42］平安银行：《公司业务》，平安银行网站。

［43］中国农业银行：《公司业务》，中国农业银行网站。

［44］交通银行：《公司业务》，交通银行网站。

［45］董学刚：《短期融资券在降低财务费用方面的应用》，《财务会计》，2015年10月。

［46］肖太寿：肖太寿博客《公司增资扩股融资的法律分析与涉税处理》。

后 记

《图表诗说投融资系列丛书》第二部：《增效魔杖——图表诗说投融资成本节省》在领导、老师、朋友、同学等的关切下，终于面世了。在此感谢各位的帮助，没有各位的鼓励、帮助、关心，本书是难以问世的。

感谢湖北省委常委、常务副省长黄楚平，湖北省政协副主席张柏青，中国农业银行营销总监易映森，湖北省国资委主任、党委书记文振富，中南工程咨询设计集团公司党委书记、总经理张云，联投集团总经理李军，湖北能源集团总会计师张国勇，湖北省委组织部五处处长胡立强，湖北省国资委企业领导人管理处处长张艳在我们编著第二部书籍时给予的鼓励与支持。

感谢华中科技大学经济学院院长张建华教授、副院长欧阳红兵教授，法学院梁木生教授，农行湖北分行信贷管理部黄金平总经理，农行湖北分行大客户部叶希峰总经理，农行武汉市直属支行刘晓琴行长的帮助。

感谢华中科技大学经济学院教授方齐云、武汉大学博士后杨海文教授为本书的亲自修改。

感谢湖北省"123企业家培育计划"投融资美国班同学，在美国学习期间,对该书的指导，特别是联投集团资金财务部部长周敏，鄂旅投集团资产管理部部长助理刘霞，武汉地产集团财务部部长何建民，武汉新城国博中心总会计师康华等为本书提出的中肯意见。

感谢经济管理出版社总编助理谭伟，编辑杨国强为本书付出的辛勤劳动。

感谢龚海文、覃士菊为本书提供的资料和所做的整理工作。

感谢海通证券湖北分公司总经理屠惠敏及熊婕宇为本书提供的案例。

本书由具有金融、企业、税务咨询等经历的人士编写。张玮斌负责策划、统稿，编写第二章、第四章第一节、第五章；李恩编写第三章；易坤山编写第四章第二节；吴桂峰编写第六章，并为其他章节编写部分案例和版式；张琪骥编写第一章。

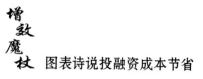

　　由于作者们才疏学浅，加之时间较紧，书中存在不少瑕疵，敬请专家及读者批评、指正，以便更好地为中国企业投融资成本节省做出贡献。

张玮斌

2017 年 1 月 12 日于武汉